AF314204

L'ArT & LE Beau

Nº 5

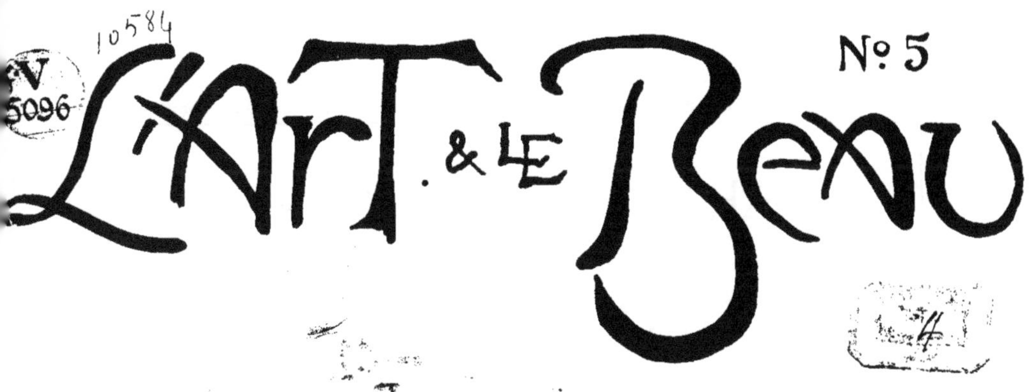

Louis Legrand

& son Œuvre

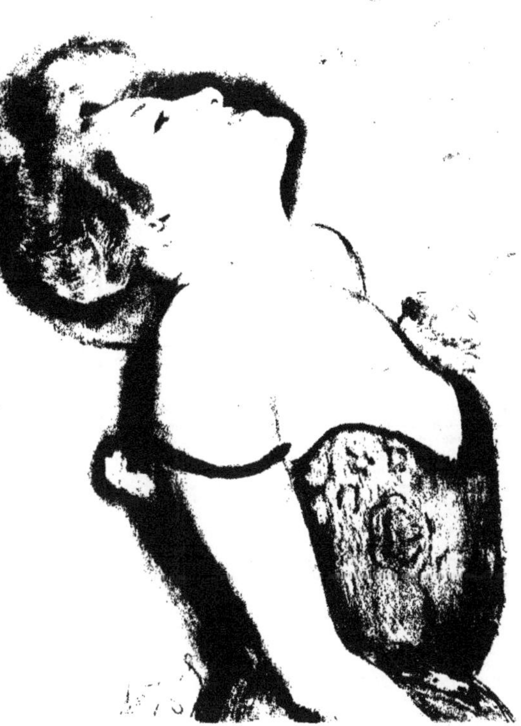

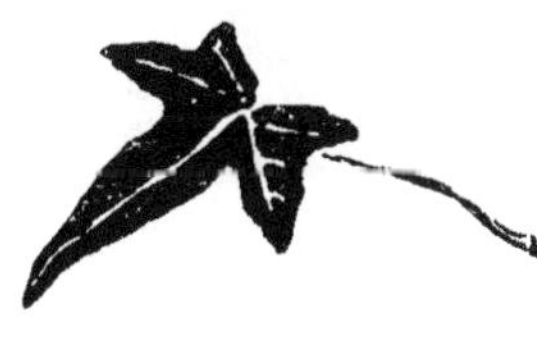

texte de Gustave Kahn

Librairie artistique et littéraire, 65, Rue du Bac, Paris. — PRIX net 6 Francs.

L'ART ET LE BEAU Numéro 5

LOUIS LEGRAND

ABONNEMENT ET VENTE:
65, Rue du Bac, PARIS

Conditions de l'abonnement pour 4 Numéros spéciaux :
Paris : 1 an 20 fr.; 6 mois 10 fr.
Départements : 1 an 22 fr.; 6 mois 11 fr.
Etranger (Union Postale) : 1 an 24 fr.; 6 mois 12 fr.

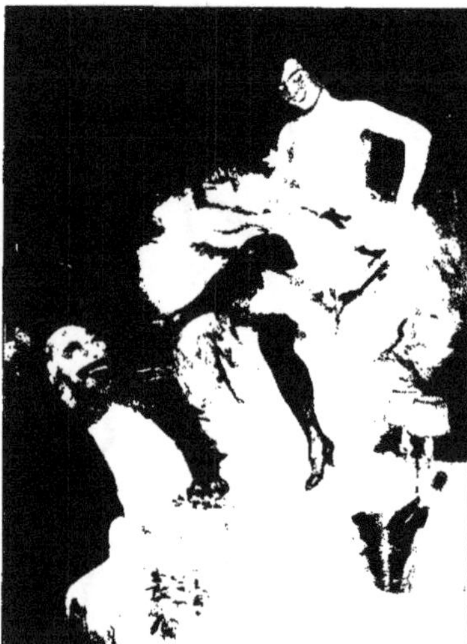

Spécimen réduit de MONTMARTRE ET SES ARTISTES par *Gustave Kahn*

Montmartre
et ses Artistes
par GUSTAVE KAHN.

Numéro 4 de ====
L'ART ET LE BEAU.

PRIX net 6 Francs.

Cet article qui constitue le quatrième numéro spécial de L'ART ET LE BEAU fait défiler dans la forme la plus animée tout le cortège d'artistes, de bohèmes, de gens de talent, de fantaisistes qui firent de Montmartre un terroir particulier de l'esprit français. Soixante illustrations choisies parmi les meilleures œuvres et les plus caractéristiques qui donnent les divers aspects de Montmartre font saisir toute la vie se pittoresque et se variée de ce coin de Paris ? Les unes dépaignent la vie intellectuelle les autres les élégances et les allures libres qu'on y rencontra, qu'on y rencontre encore. On a eu également, l'intention d'y représenter par quelquesuns des dessins qui affirment le mieux leur talent, les dessinateurs qui ont saisi avec le plus de vérité et d'intérêt d'aspect de ce pittoresque les *Willette*, les *Léandre*, les *Steinlen*, les *Mozin*, les *Truchet*, etc.

Un bulletin d'Abonnement accompagne ce numéro.

65, Rue du Bac, PARIS. **La librairie artistique et littéraire.**

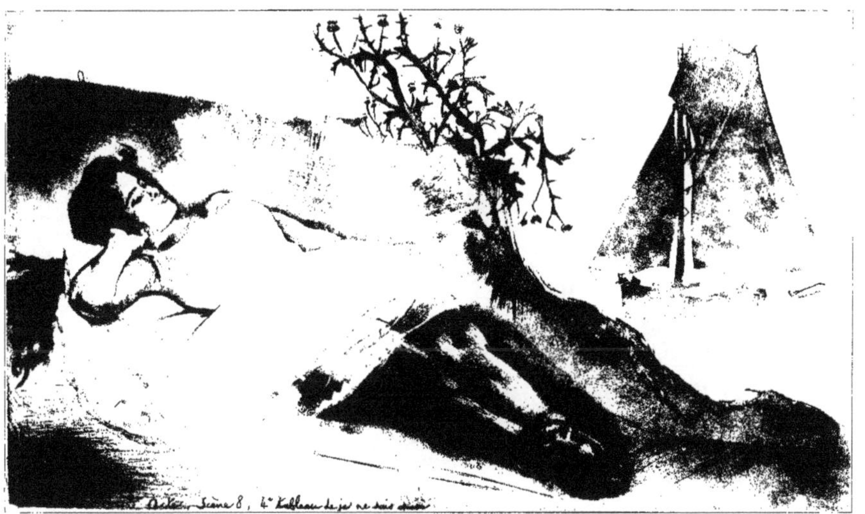

3ᵉ ACTE, SCÉNE 8, 4ᵉ TABLEAU: DE JE NF SAIS QUOI

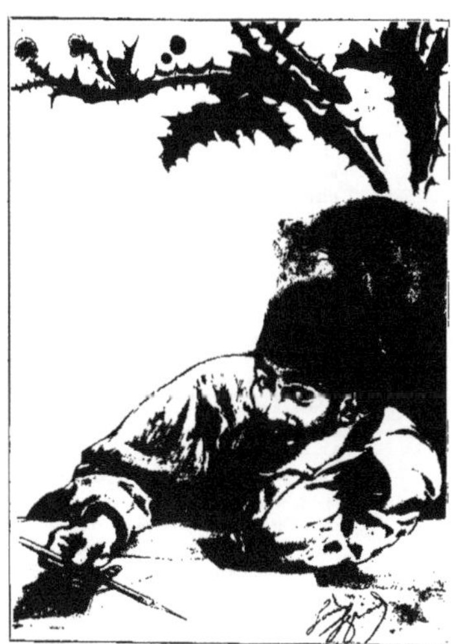

PORTRAIT DE LOUIS LEGRAND

LOUIS LEGRAND

ouis Legrand, dans une œuvre infiniment complexe, touche à la légende mystique, à la fantaisie macabre, au recueillement tendre des maternités émues et douloureuses, à la toute puissance de l'amour, à la violence, et à la brutalité du désir, à l'épouvante lyrique, au sarcasme boulevardier. Il suscite le Christ des humbles, il fait jaser le lad nègre auprès de la rusée petite commère aux jupes encore courtes, légitimement courtes. Il dessine ou peint des enfants babys ou fillettes à la chair et à l'esprit juvéniles les uns poupards et les autres délicatement perverses. Ne lui demandez pas si l'homme est bon ou méchant, si la femme est aimante ou cupide; il se contredirait, car, ayant tout regardé et ayant beaucoup traduit, il ne peut se montrer du même avis à toutes ses planches. De ses compositions il en est qui touchent à l'idylle, d'autres au drame, d'autres à la comédie, et certaines à la farce. Il en est aussi, où aucune de ces nuances littéraires ou sentimentales ne se laisse voir, car il a simplement, sans plus d'ambition, dessiné; sans plus d'ambition! Mais c'en est une énorme. Le beau dessin est la chose rare, il y a d'ailleurs le faux beau dessin, et le vrai beau dessin. Le faux beau dessin c'est le fignolage en surcharge ou la simplification oublieuse de personnes qui, n'ayant pas de couleur, se piquent d'avoir du dessin, et n'en ont pas toujours. Legrand a de la couleur et il a aussi un vrai beau dessin, tantôt très énoncé, tantôt abréviatif, général. Il n'a qu'un dessin, qu'une façon de dessiner, mais si souple qu'elle donne à son œuvre une apparence protéique. Etant

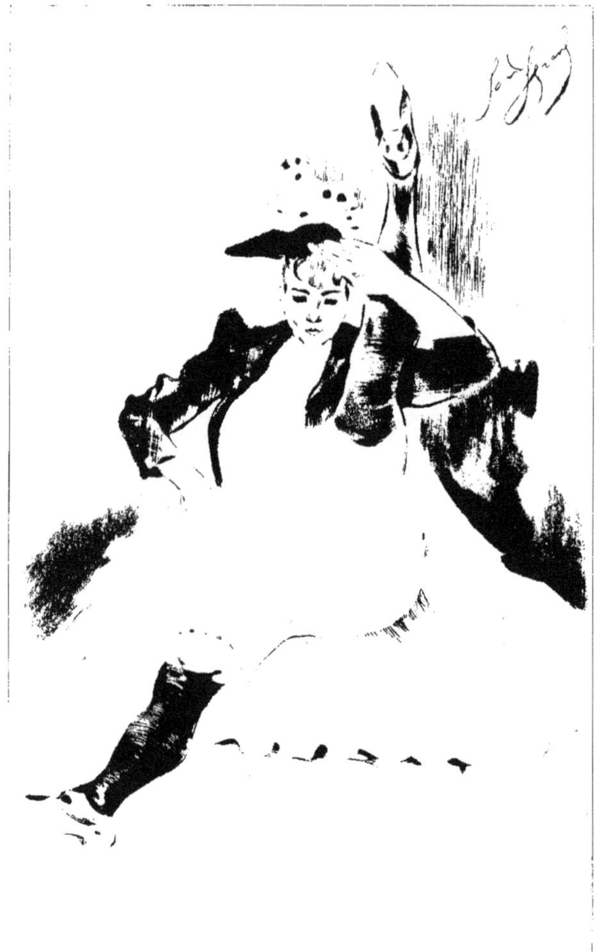

Legrand a des procédés, mais comme graveur, et son procédé est surtout de détruire les procédés. Il n'emprunte guère plus ses techniques que son style. Sa science du dessin en fait un graveur incomparable qui, avec un crayon spécial, dessine sur une plaque préparée. Sa manière lui donne des blancs et des noirs admirables, et lui fournit les lignes élégantes sans opposition d'ombres des pointes sèches. Là où la tradition a le plus de portée et d'utilité, il innove des ressources personnelles. Ailleurs il a pour maître la nature et s'il a regardé le Musée, les impressions qu'il en a ressenties se sont si bien fondues avec sa nature, il les a tellement amalgamées avec son originalité, qu'il n'est pas commode de démêler chez lui, d'autres influences que celle de la vie.

* * *

Ses visions, ce sont celles d'un artiste de notre temps qui a été curieux de tout, sauf de la mode et de l'art un peu modiste. Autrement le Moulin Rouge, le Moulin de la Galette, les coulisses de l'Opéra, la campagne, le citadin, le paysan, le fêtard, la femme de plaisir, l'ont intéressé. En surplus il exerce un art d'imagination, mais non d'après la littérature. Il y a littérature chez lui, lorsqu'on lui demande une illustration. On s'adressa à lui pour une édition des Histoires extraordinaires d'Edgar Poë; il fut égal à la puissance d'horreur du texte, mais sauf ce commentaire de Poë, ses planches imaginatives ressortent uniquement de lui. Sont-elles tout à fait imaginatives? Il en est beaucoup où c'est simplement de la vérité poussée au paroxysme, de la légende ingénuement, fortement interprétée, transcrite dans le sens du moderne, qui lui donnent le sujet. Mais aussi il emprunte au passé de l'histoire, curieusement; il y a quelques figures étranges et peu connues, qui lui importent. Charles VI par exemple. Odette de Chamdhiver par sa beauté et par les cartes, charme la folie du roi. On n'en sait pas plus. Sans accessoires inutiles Legrand campe sous le costume exact du temps un étrange

vrai, complet, cet art du dessin n'a ni obligations de mémoire, ni manies, ni tics, ni impuissance, ni procédés. Il va où la vie le mène et se modèle sur toutes les formes de la vie.

* * *

maniaque. La face est ce qu'il faut qu'elle soit, terrible de lassitude à la fois et d'inquiétude. Des différences de largeur de la pupille, aux deux yeux, la fixité de ces yeux, les oreilles très décollées et bizarrement découpées, les plis de la lèvre,

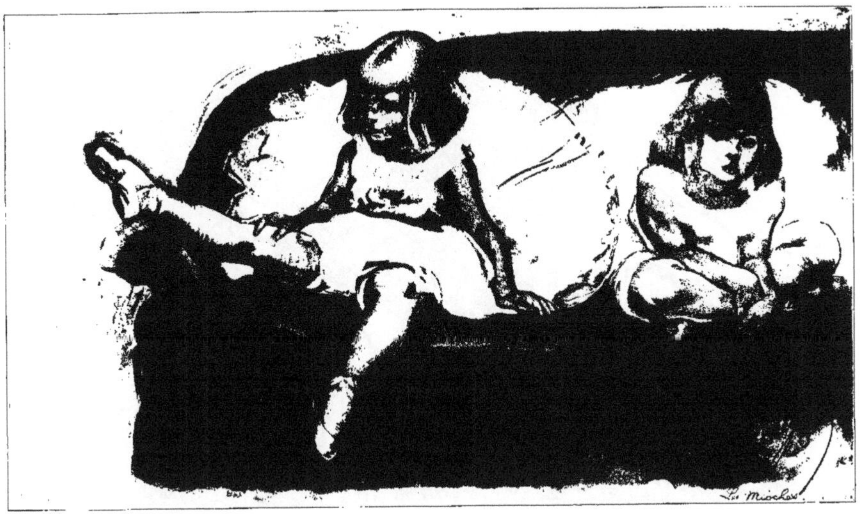

LES MIOCHES

donnent tout l'aspect du maniaque. C'est un vrai fou et
l'impression de réalité est assez
forte pour entraîner la vérité
historique nécessaire.   C'est
Charles VI contre lequel s'appuie coquette et tendre, naïve,
comme un jouet de chair,
Odette de Chamdhiver, et les
doigts du maniaque se posent
sur elle, avec comme un fris-
son glacé, calme, définitif.

C'est quelquefois le mouvement des figures, le geste de
l'anecdote qui donne le sens à
sa planche, mais assez rarement.
Ses personnages sont le plus
souvent statiques. Ils n'en sont
pas moins expressifs. Un beau
dessin suggère tout le mouvement. Un être au repos, bien
dessiné, montre nettement toute
sa capacité de mouvement et le
rythme particulier de ce mouvement. Les œuvres de la sta-
tuaire grecque ont cette qualité
de suggérer par leur forte
structure la vie extérieure.
C'est une des marques évi-

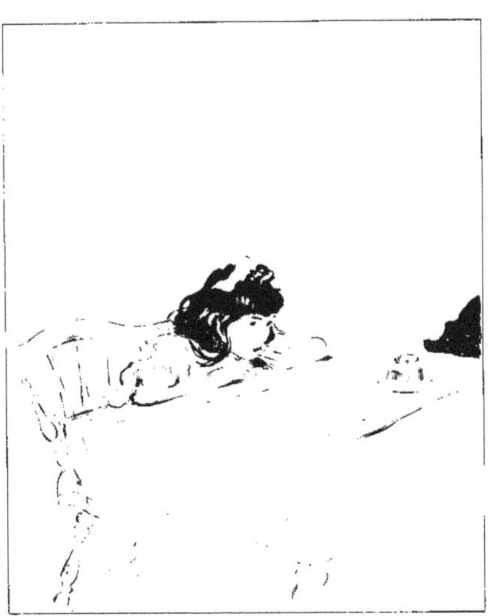

LES DEVOIRS

dentes de la maîtrise, en une
œuvre d'art.

Ce caractère de fermeté, de
durabilité du dessin de Legrand, un artiste le définissait
en définissant Legrand: « Il ne
s'agit pas ici de Monsieur Ing-
res et de sa chambre claire, ni
de Meissonnier et de son mi-
croscope, ni de cette queue
des gens habiles, luttant on
ne sait pourquoi avec les pho-
tographes qui leur seront toujours supérieurs, il s'agit d'un
artiste pour qui, le dessin, (le
langage le plus difficile à acquérir et le plus ingrat à par-
ler) est un moyen de commu-
niquer aux autres les émotions
qu'il a éprouvées. C'est dire
qu'il est de son temps, qu'il
l'a vu et scruté, comme firent
de leur temps, tous les grands
artistes, et si le décor, le costume et quelques attitudes mar-
quent l'époque, nous apperce-
vons tout à coup, une si claire
ressemblance entre telle figure
de Legrand et telle figure de

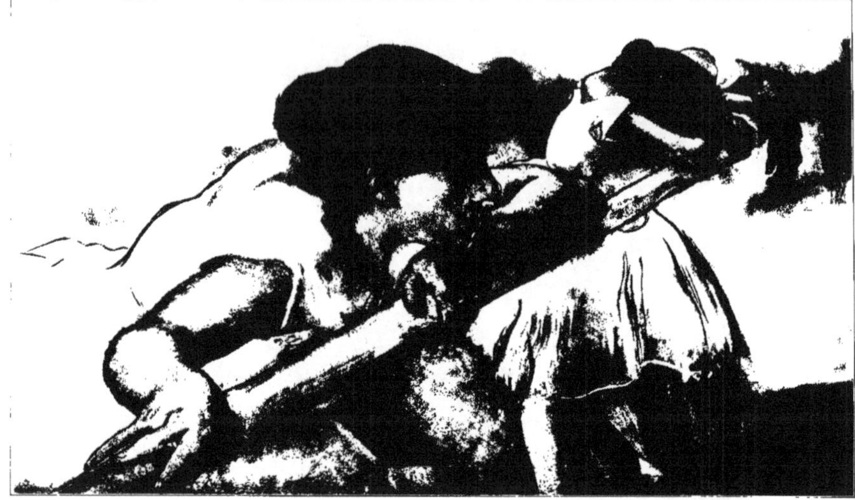

EN NAGE

Pisanello et de Raphaël, que nous comprenons brusquement, l'étroite parenté qui les relie! C'est que tous se sont acharnés à rendre la nature et qu'elle s'est livrée à eux tous et qu'elle est la même pour tous. »

Cette impression que donnait tout récemment M. Jeanès à l'occasion d'un banquet offert à Louis Legrand, nous la trouvons formulée avec autorité, par Roger Marx, sinon à l'époque des débuts de Louis Legrand mais lorsqu'arrivé à peu près à la trentaine, il donnait dans ses œuvres la marque profonde et entière de son originalité de dessinateur.

· Un primitif, tel est bien vraiment M. Louis Legrand. Tout d'abord la qualification surprend et déroute, semble hors de propos. On songe aux motifs coutumiers de ses estampes, à son illustration du *Cours de danse fin de Siècle*, à sa suite des *Petites du Ballet*, à toutes ses représentations de l'élégance, du vice, du plaisir, très modernes, humoristiques parfois; mais à y bien réfléchir cette ironie n'est point sans ressemblance avec celle des imagiers du moyen âge, hantés par le macabre; puis de notre temps un primitif ne saurait traiter les sujets familiers aux vieux artistes du XIII et XIV° siècle; la matière de l'observation est autre sans que la candeur de l'âme soit moindre . . . »

✻   ✻   ✻

L'art de Louis Legrand en sa complexité reconnaît deux directions principales; il étudie la vie moderne, la vie contemporaine et il cherche à réaliser son rêve. Les images que le passé lui lègue et que sa fantaisie lui rapporte de sa culture littéraire et de musée, en les variant, en les faisant passer par les voiles et les

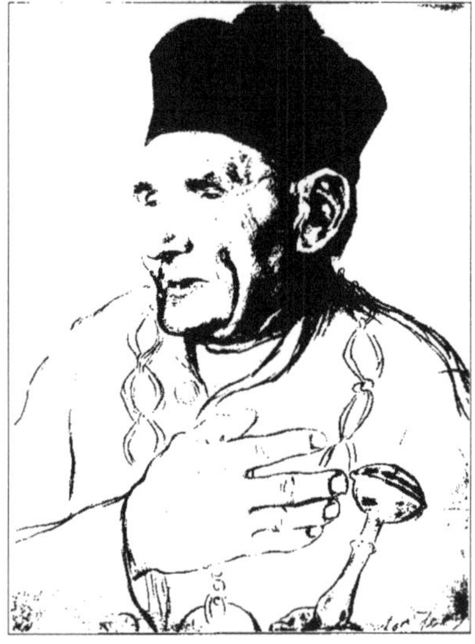

LE BEDEAU

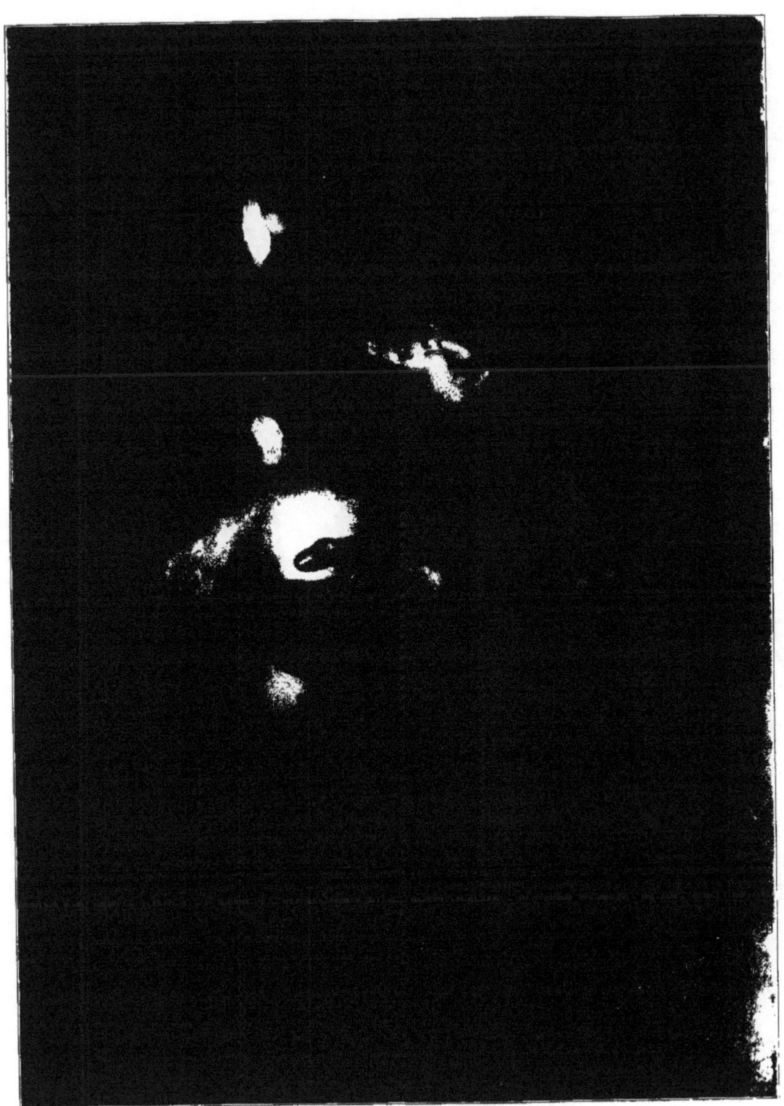

MAITRESSE

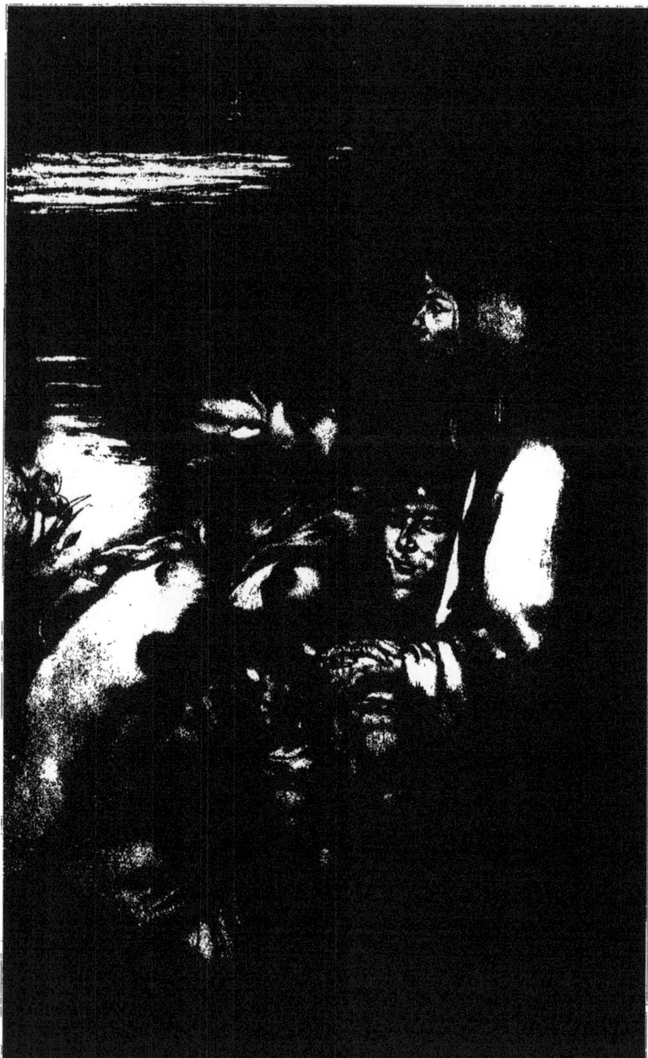

LE DIVINE PAROLE

verres multiples de sa personnalité. Ici Legrand s'apparente aux écrivains de son temps.

Legrand est du moment des écrivains symbolistes. Une des théories des écrivains symbolistes et qu'ils opposèrent à la théorie du document, chère aux écrivains naturalistes et réalistes qui les avaient précédés, fut que l'homme n'est pas seulement un contemporain mais qu'il détient en lui, très vivante, la résultante idéaliste du passé.

Ce passé ne vit pas dans l'esprit de l'écrivain ou de l'artiste moderne sous une forme sèche et livresque; les livres ou la contemplation des beaux tableaux ne font qu'y ranimer des formes obscures mais qui s'éclairent d'après le tempérament propre de l'artiste. De là le droit pour lui de considérer toute la mémoire de l'homme comme vivante en lui, de définir en soi ce que ces éléments de mémoire, en s'amalgamant avec la vie réelle, lui apportent d'imagination, le droit de traduire à sa guise les symboles du passé au même titre que les synthèses du présent. La littérature pure n'a point eu d'influence sur Legrand; mais les idées d'un temps naissent en même temps chez tous les beaux cerveaux de l'époque, et une pénétration inconsciente des uns par les autres répand les théories pour la plupart instinctives, chez les représentants de l'un et de l'autre art. Ce n'était point pour Legrand, sortir de sa formule que d'aborder le mythe ou la légende, mais simplement retrouver en lui l'homme profond, retrouver en lui, ce qui n'était pas strictement contemporain, mais existant tout de même dans sa vie cérébrale.

*   *   *

Certaines des œuvres de Legrand sans participer à cette
évocation légendaire, à ce maniement personnel des vieux mythes,
que Legrand d'ailleurs ne prend qu'à des terroirs très précis,
participent de ce qu'on a appelé le tableau de genre. C'est à
dire que Legrand se sert d'une sorte d'anecdote, d'un moment
où un ensemble de faits psychiques se concrétise en une allure
physique de plusieurs personnages. Le type de ces œuvres nous
le trouverions dans ces planches qui s'appellent *L'Ami des Danseuses, Maîtresse, les Amants, Beau Soir,* etc. . . . La personnalité
de Legrand s'y révèle avec toute sa simple intensité et hausse
le genre, y produit ce qu'ont donné les seuls maîtres, des synthèses
absolues du sentiment.

L'élan de tendresse qui dans *Joie Maternelle* fait passer dans
les traits un peu durs toute l'âme de la paysanne représenté, la
sérénité de l'enfant qui accepte à la fois comme un dû et aussi
comme une caresse des choses, cet élan passionné vers lui, la
simplicité avec laquelle est dite complètement cette différence
entre l'amour maternel et le consentement amical de l'enfant font
équivaloir cette planche à n'importe quelle *maternité* de Carrière.

Si nous pensons à *Maîtresse,* que d'aucuns considèrent comme
le chef d'œuvre de Louis Legrand, nous y trouverons comme un
accord frappé sur la sensualité de façon souveraine. Est-ce le
premier baiser échangé dans un coin de serre, loin et près à la
fois du monde, dans l'abri que les feuilles des plantes frileuses,
font contre les regards indiscrets? Est-ce la joie de la brève
rencontre qui réunit deux êtres qui s'aiment, et que la vie tient

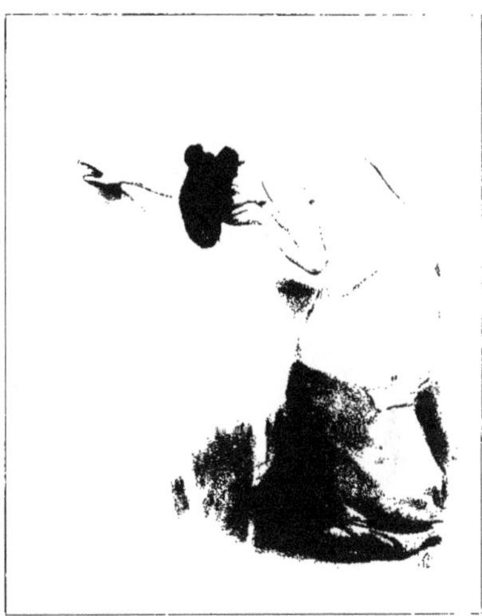

DOULEUR

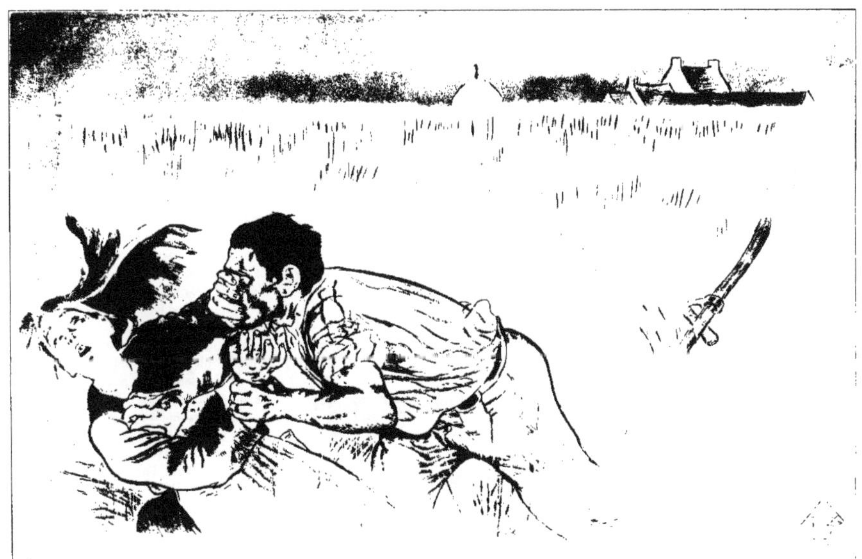

LE MALE

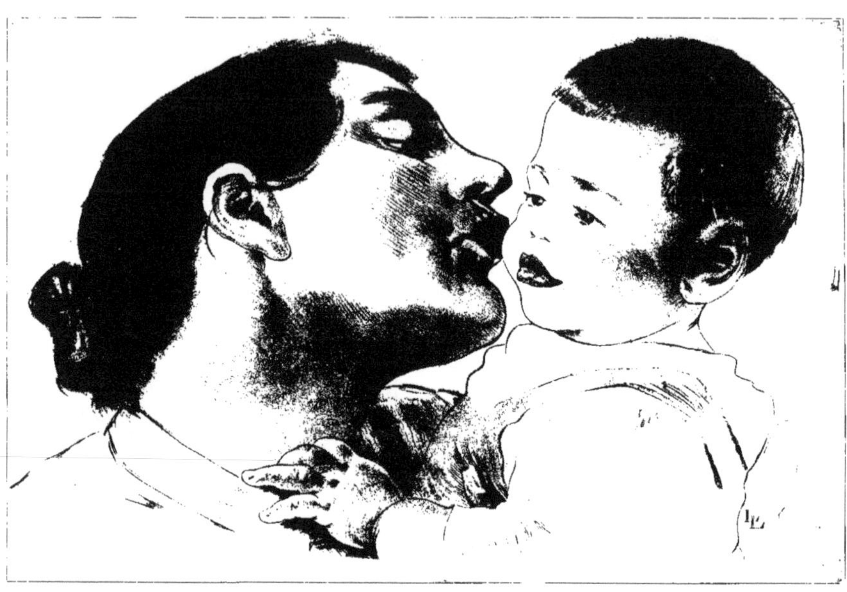

MATER INVIOLATA

séparés souvent par les cloisons du dé-
corum? Est-ce « l'enfin seul, » poussé
après la soirée mondaine, par deux
êtres heureux de ne plus voir qu'eux
et leur amour? C'est en tout cas, une
des plus chaudes emprises de la femme
sur l'homme qui ait été dessinée que
cette aspiration, par la femme qui se
renverse robuste, lente, lasse, tendue,
et qui prend en se laissant prendre, et
qui défaille dans un triomphe. Tout
l'abandon physique si fortement rendu,
chez la femme, et chez l'homme, qu'em-
preint la plus grave douceur est ici, en
même temps que l'instantané de la sensation, le portrait du sentiment.

Il en est de même pour cette planche
également célèbre *Amants*. La femme
est étendue sur un canapé. En face
d'elle son amant lui joue du violon!
La saisit-il en lui rappelant une ritour-
nelle chère? Frappe-t-il son esprit
d'une sensation nouvelle?... En tous
cas, leurs âmes voltigent sur la musique, s'y bercent, s'y caressent. La
douceur, l'agrément de sa sonorité, de

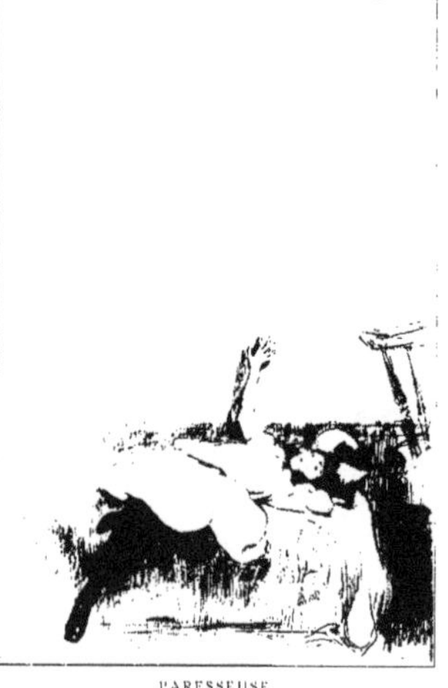

PARESSEUSE

à l'instrument amènent un demi sourire
aux lèvres de l'amante, mais les yeux
ne rient point, ne sourient point. Sous
le regard de l'instrumentiste, le visage
de la femme se voile d'une douceur
émerveillée, mais en même temps un
peu douloureuse, et c'est physique-
ment autant qu'intellectuellement que
la musique la pénètre et la conquiert.
Et c'est à la fois doux et violent, et
d'une atmosphère délicieuse, galante
et lyrique, et d'âme et d'épiderme.

L'artiste n'a pas toujours, dans ces
grandes estampes, ce caractère composé, si puissant et neuf, ce mélange
rapide de sensualité parée d'un peu
de mystère.

Beau Soir compte, dans le calme
de la nature, la douceur de l'amour,
de l'amour familial. Vers la belle paysanne qui allaite l'enfant nu et dont
la face tout de même s'alanguit et
dont l'œil s'éperd au contact de l'époux
qui l'embrasse, il semble que la brise
molle n'apporte que de la sérénité.
Cette sérénité ample et complète, le

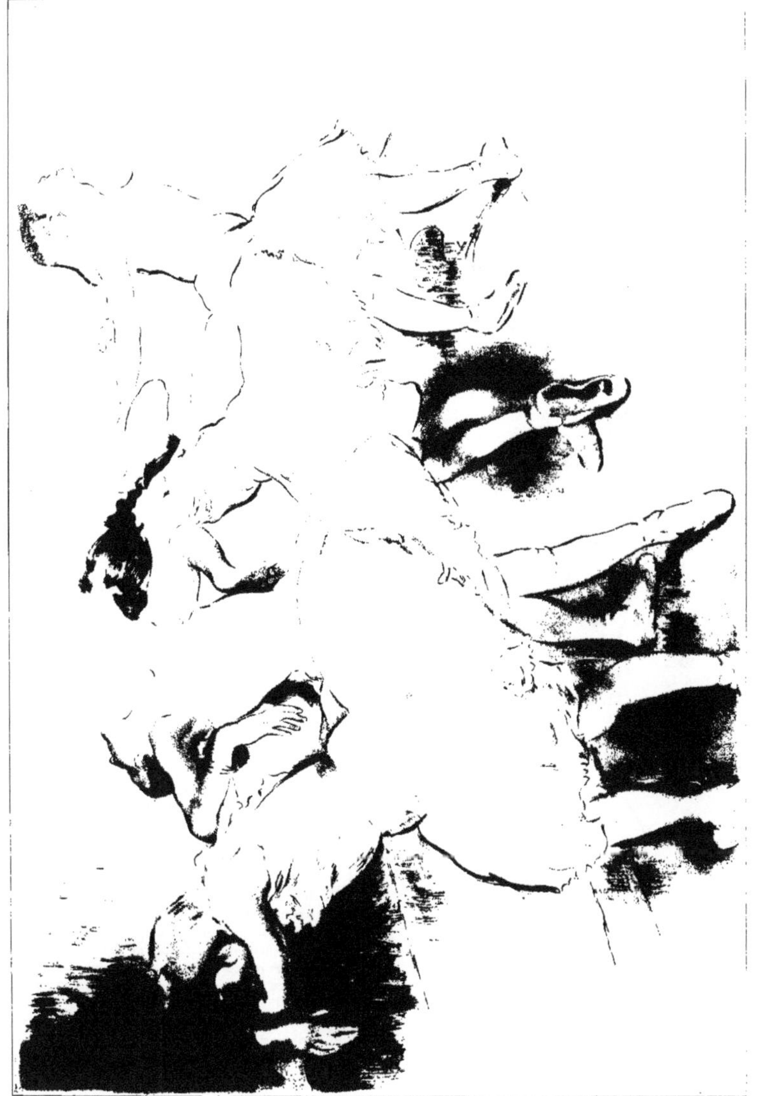

QUATRE DANSEUSES

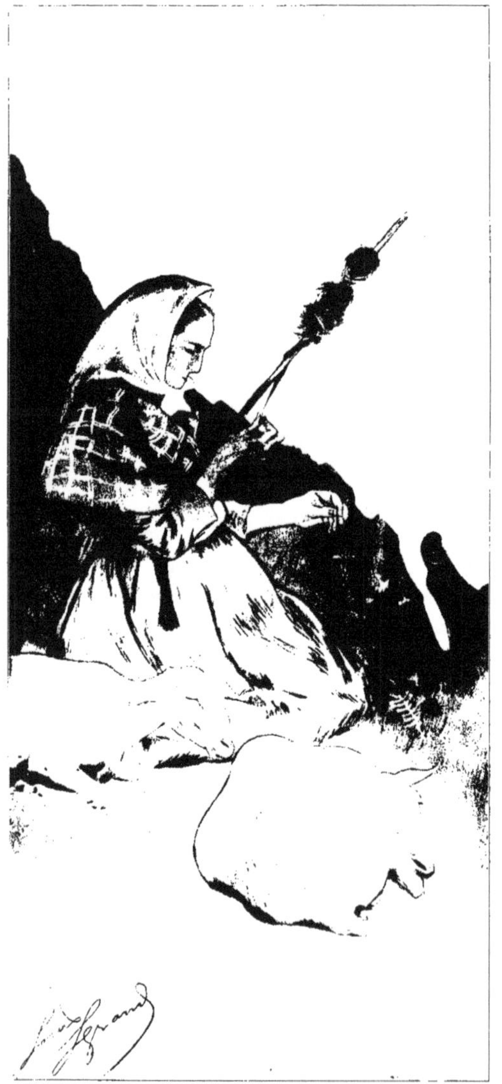

LA SIRÈNE

même dessin la donne aussi parfaite et saisissante que la nuance d'amour charnellement mystique des deux planches qui s'appellent *Maîtresse* et *Amants*.

C'est cette plénitude dans le rendu du sentiment général de son dessin, de son taleau qui fait si précieuses ces grandes eaux-fortes. C'est cette sincérité et cette franchise d'exécution qui donnent leur prix aux études paysannes de Louis Legrand. Elles sont diverses, elles vont de la notation du coin agreste à la synthèse de la passion brutale, qui aux champs, saisit les rustres, comme une force de la nature, comme une force du soleil, comme une sève.

Louis Legrand fatigué de la vie de Paris, de l'observation des petites Cythères Montmartroises, des lumières vives des bars, s'est en allé en Bretagne. Il en rapporte, en quelques planches, une vision neuve, parce que nette et réelle, du paysan. Le Paysan n'a en art que des biographes incomplets, même parmi les plus grands. Millet l'a noyé dans une mélancolie; de cette simplicité économe que le paysan met à ses gestes, Millet a déduit une grandeur, très artiste et littéraire. Pissarro ne l'a pris que dans ses gestes de labour et de cueillaison. Legrand, dans les études rapportées du *Cap de la Chèvre*, nous donne aussi la cautèle du rustre, sa violence sensuelle, sa brutalité. Ainsi dans le *Mâle*, parmi la vaste ardeur des champs, le paysan agrippe le sein et le poignet d'une fille, qui en vain écarte de ses doigts raidis le masque du mâle, et parmi tout le labeur sourd de la fécondité des glèbes elle succombe, comme dans *l'Heure de la Chauve Souris*, succombera la fillette qu'emmène loin du village ce vieux paysan à l'air matois, très fin, au visage rasé, entouré de cotelettes blanches qui lui donnent l'aspect d'un magistrat, et dont l'œil semble s'allumer d'un feu sourd et sensuel. La fillette est lasse, l'expression des yeux dit qu'elle se sent aller vers son destin, et qu'elle est déjà à demi-vaincue par la lassitude physique de sa journée de labeur et du fardeau qu'elle porte.

Les ruralités de Legrand ne sont jamais déclamatoires. L'acuité de sa perception, sa facilité à saisir dans une face ce qu'elle peut avoir de moqueur où de sournois l'empêche d'être jamais romance. Il arrive à de vraies harmonies de calme, ou les êtres font partie de la nature, de l'herbe, de l'eau, du soleil comme en ce *paysage breton* si tranquille du halo de l'astre sur la mer, du silence des feuillures maigres, de la vaste étendue, et de la jeune fille taillée à larges traits qui porte en ses bras une fillette petite et trapue qui absorbe cette paix des choses avec une tranquillité de ruminant. Cette *Korrigane* (des lithographies *du Cap de la Chèvre*, accotée aux vieilles pierres de sa porte en ogive, solides quoique un peu décimentées, faisant corps, par sa ligne tassée, les rides de ses grands traits massifs, avec la maison lourde et basse, comme avec la quenouille tenue en sa main, elle fait corps avec la vieille Bretagne mi fileuse tranquille, mi sorcière; elle est une évocation de Bretagne, ample et complète, parce qu'exacte

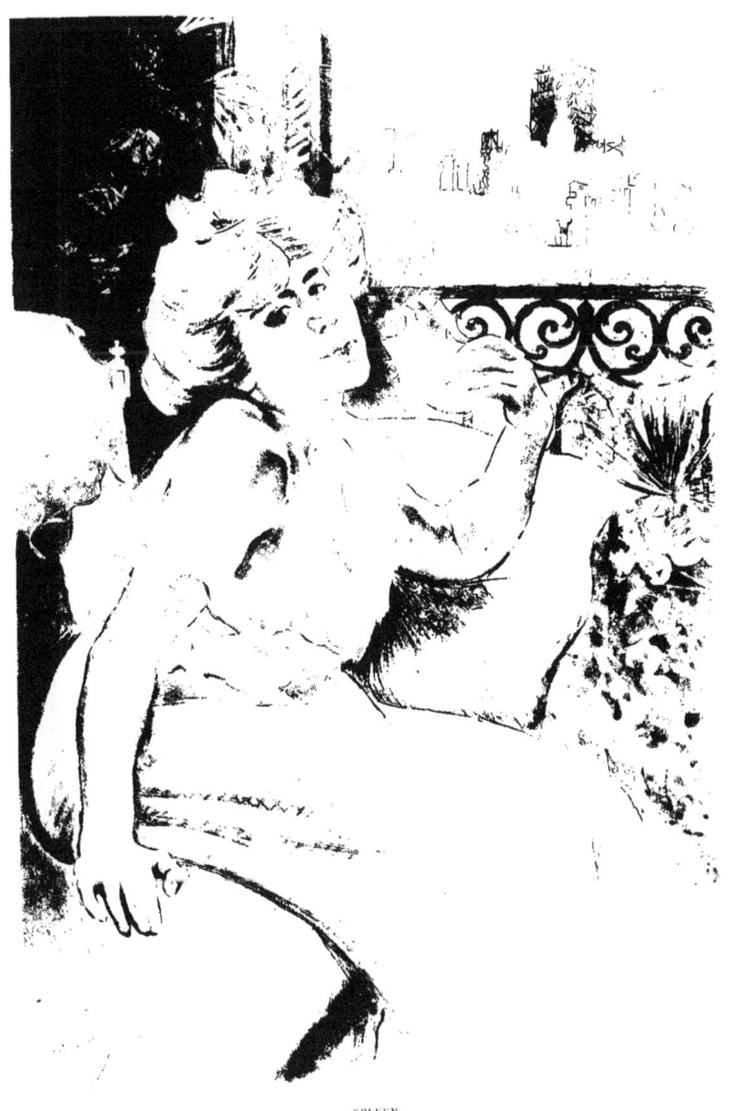

SPLEEN

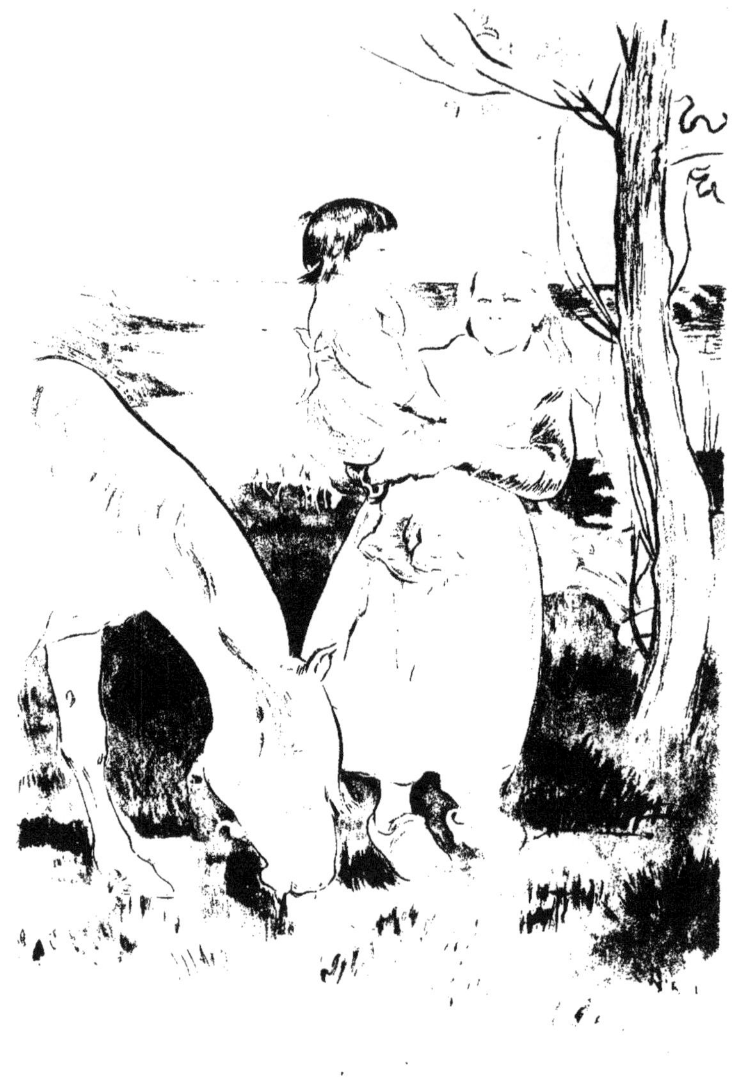

PAYSAGE BRETON

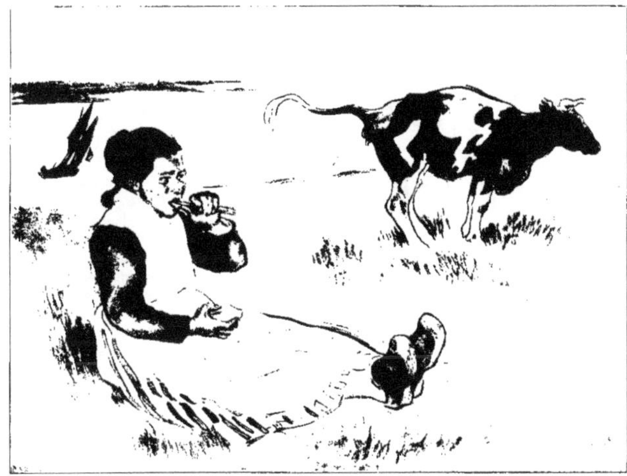

ANIMALES

de cette *Mater Inviolata*, que l'artiste a voulue simple, aux traits doux, noyés d'ombres délicates, léchés d'amour pur, dans le style des primitifs. Les femmes de la *Divine Parole*, sont plus rares peut-être, en leur face semblable, qui sans doute donne un aspect de la beauté, telle qu'elle apparaît à Legrand. Et pourtant elles ressemblent à certaines de ses figures de danseuses, mais ici ennoblies d'encore une plus grande volonté de style.

Louis Morin dans une de ces précieuses études, où une jolie forme littéraire pare les plus justes aperçus d'esthéticien que ne peut manquer d'offrir ce remarquable artiste a bien défini ce style moderne de Legrand. «Le style, le style moderne: ce sont ces deux mots, si étrange que puisse paraître leur union, qui viennent à la pensée lorsqu'on feuillette l'œuvre déjà considérable de Louis Legrand, avec la liberté d'esprit nécessaire, à la compréhension des ouvrages contemporains. Pourquoi les modernes ne pourraient-ils pas être doués de cette qualité du style, que donne au peintre une manière élevée de voir et de rendre la nature, l'unique souci de la grandeur, le choix des seules lignes expressives, dans le sens de la noblesse. Et cette vision hautaine pourquoi ne s'appliquerait-elle pas à ce temps, aussi bien qu'aux époques légendaires? Il y a dans notre vie

et plastique, en surplus littéraire parce qu'elle donne la marge à la rêverie autour de l'estampe et le même calme tranquille et puissant anime les pastoures qui n'ont d'yeux que pour leurs tartines ou leurs quenouilles devant les vastes horizons où les vols des mouettes correspondent au miroitement des petites barques sur l'immense étendue marine.

* * *

Au commencement de cette étude nous parlions du *Charles VI* de Louis Legrand, comme d'un des points d'aboutissement actuels de son art. Il semble que ce peintre de Paris, ce divinateur de la Parisienne, s'oriente vers ces hautes ambitions de peinture large et de caractère; mais déjà depuis longtemps il donne de grandes pages mélancoliques, qui semblent extraites des fonds sentimentaux de la conscience, toujours présentées dans ce mode de transcription, de transposition, qu'il affectionne. Jeanniot insistait sur le côté national de Louis Legrand, sur sa parenté avec les vieux artistes de sa Bourgogne natale. Il a de ces solidités anciennes, le don de transposer le modèle comme le sujet. Nous les avons vues dans d'autres dessins de Legrand, ces deux femmes agenouillées auprès d'un rédempteur qui leur ressemble pour les traits avec quelque chose de plus mélancolique et de plus ému dans la face, ces deux femmes aux chevelures brunes dont l'une rêve avec tendresse et dont l'autre sourit en rêvant. Dans ce beau soir de cygnes et d'ombres massives, près des hautes colonnades tandis que l'eau glisse comme une tranquillité édénique elles écoutent la parole divine, comme une musique. Elles en boivent la cadence sacrée. Elles en ont peut-être choisi la meilleure part, l'écoutant sortir d'un beau masque pur, écoutant les sonorités profondes de la voix d'amour, la reconnaissant surtout en ce qu'elle leur rapporte d'elles-mêmes, de ce qu'elle leur rend des conseils d'amour du monde, de ceux que donnent l'heure et leur beauté. Ce sont des noces étranges et spirituelles qui se préparent, dans cette belle nuit d'ébène, près des eaux et des fleurs. Leur beauté n'est point la même que celle

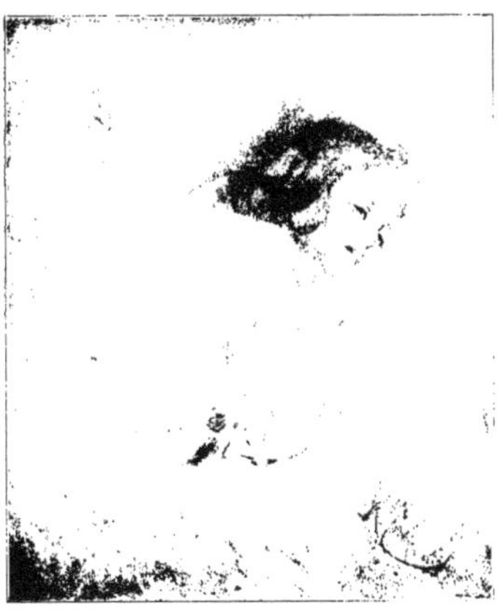

JEUNE FILLE

de tous les jours une foule de belles et bonnes choses que l'on découvre peu à peu, si lentement! Legrand nous a donné cette joie de constater que nos contemporains et surtout nos contemporaines, pouvaient être pris au sérieux par un artiste dont l'idéal de force et de grâce est tout aussi élevé que celui de Van Dyck et de Velasquez, les peintres les plus gentils-hommes que nous connaissions. »

*   *   *

Le style de la beauté! Déjà Legrand

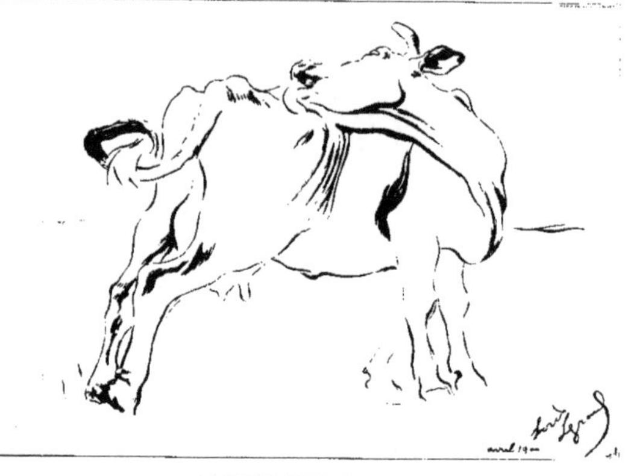

LA VACHE ET LA MOUCHE

veux noirs comme l'aile du corbeau, à grand air d'impératrice byzantine, faisant la noce. Il a d'origine, la dilection de ce type de grande femme au teint pâle, au nez arqué, aux yeux noirs et profonds, qui malgré tout, l'art aidant et la tradition aussi, évoque toujours quelque idée de hiératisme lointain, de poésie troublante, et fait passer dans l'esprit le souvenir des strophes beaudelairiennes à la beauté lumineuse, solennelle, et un peu sévère. Ces traits là, par leur solidité même et la

dans ses premiers dessins du *Courrier français* avait jeté sur le papier ce modèle de fille aux grands traits aquilins, aux che- majesté de leurs plans, grimacent peu, et dans le plaisir le plus vif, paraissent accorder quelque nonchalante et ardente conces-

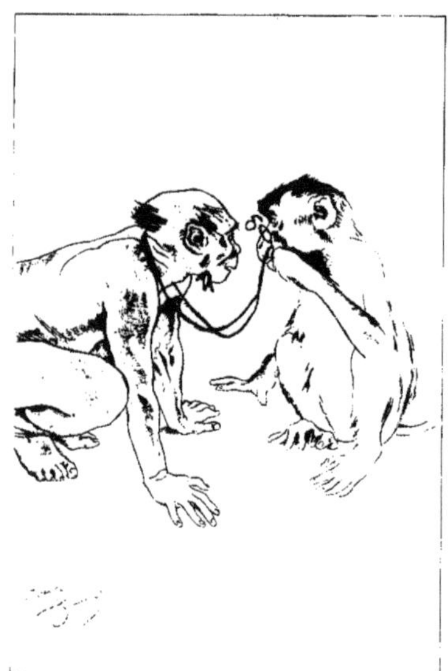

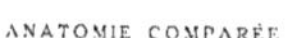

ANATOMIE COMPARÉE

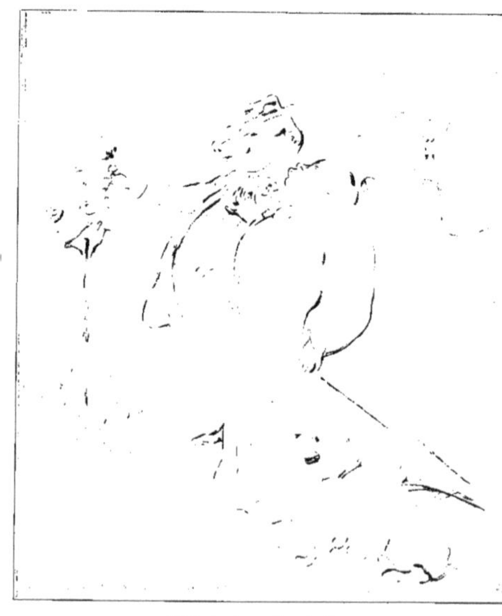

Oh! les fleurs! nous adorons les fleurs

sion, d'un mouvement plus précieux, parce qu'il apparait d'après notre conception apprise de la beauté et de la noblesse, plus impérieux, plus sévère. Si telle figure de ce type architectural concède toute son attention à une émotion des sens, le polissement nacré de la face en sera plus captivant d'apparaître plus rare. Ce jeu sur la beauté grave, Legrand le dessine souvent, ainsi dans sa *Femme à L'Oeillet*, dont toute la figure à lignes solides s'imprègne du parfum de la fleur qu'elle respire, dont le sourire monte des lèvres aux yeux parmi la palpitation délicate des narines, à laquelle il a taillé, dans le costume moderne, l'ample chapeau de fleurs sur la forte chevelure d'Erébe et le manteau largement ouvert, un apparat hiératique, en la déshabillant. Il lui garde sa mélancolie linéaire lorsqu'il en fait une *Léda* vers qui vont les cygnes parmi les roseaux. Ce type si accusé nous le reconstituons, dans ce *Sommeil de Diane*, où il ne nous donne de la déesse et du type de beauté fière qu'il affectionne que la nuque lourdement casquée de ces larges ondes noires, les fortes épaules, le dos robuste et doux et l'éploi fort des hanches vigoureuses. Il lui donne les intimités du déshabillage, et aussi il le mène souper (le *Dîner des Maires*). Le bon provincial qui a rencontré au Moulin

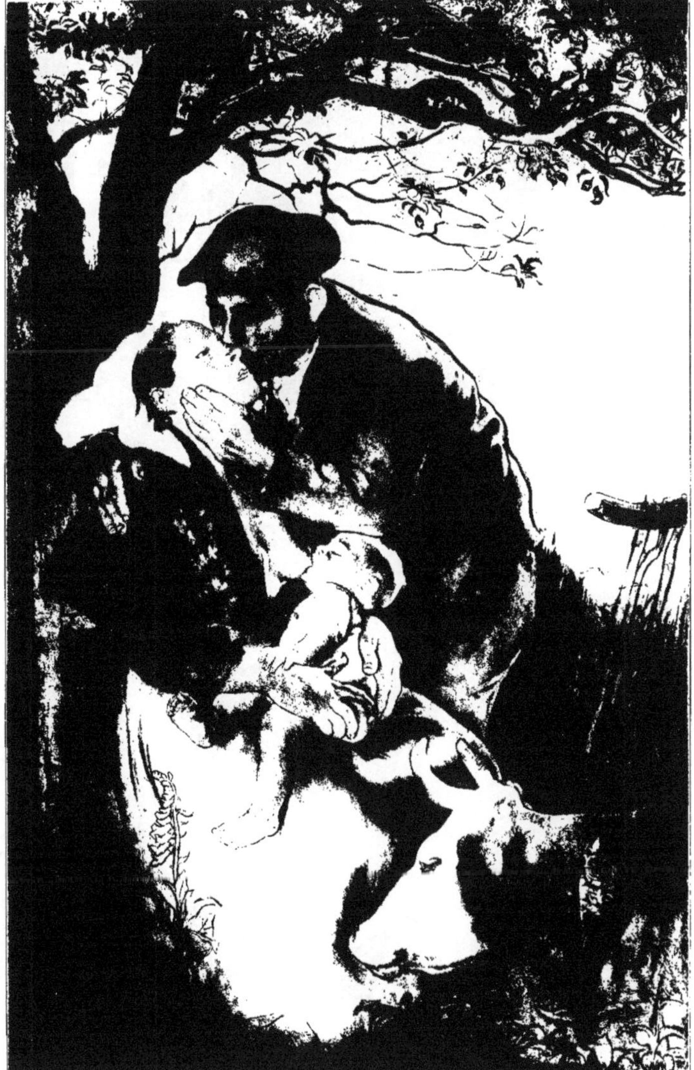

BEAU SOIR

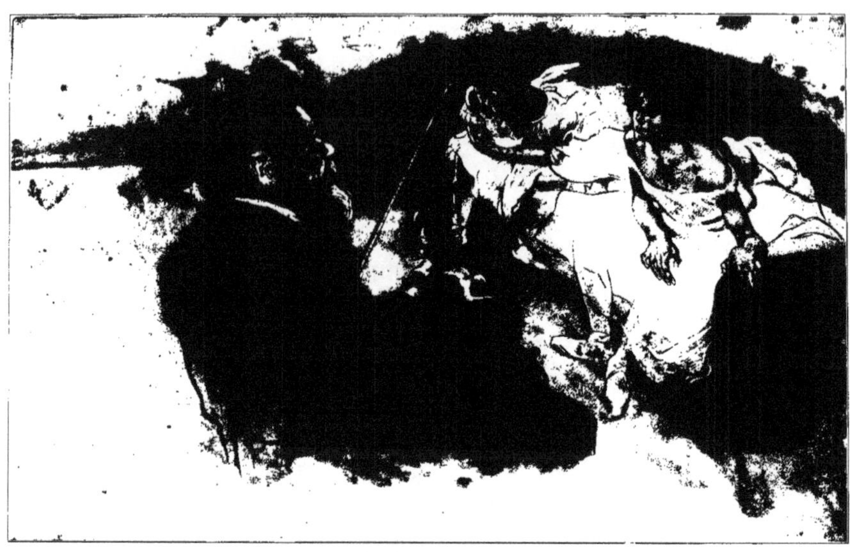

L'AMI DES DANSEUSES

Rouge ou aux Folies Bergères, cette robuste fille brune, à la stature magnifique, aux yeux de dédain, aux lèvres d'appel et de plaisir, sent remuer en lui parmi l'éberluement et la surprise, un désir fauve et étonné, mais encore, le sens si parfait de la contemporanéité qu'a Legrand intervient pour apaiser cet amoureux à la fois expérimenté et ingénu, car il suit d'une telle attention la teinte de petit plaisir qui couvre la belle figure de sa compagne, tandis qu'elle mange des huîtres que le voilà tout de suite ramené à l'idée du plaisir éclatant, mais simple; le rare de cette beauté féminine se fond pour lui dans la notion de faste que lui donnent ensemble ces grands traits souriants et l'éclat lumineux du cabinet particulier.

Quand Legrand vint à Paris (il arrivait de Dijon sa ville natale) c'était vers 1884, il y avait alors

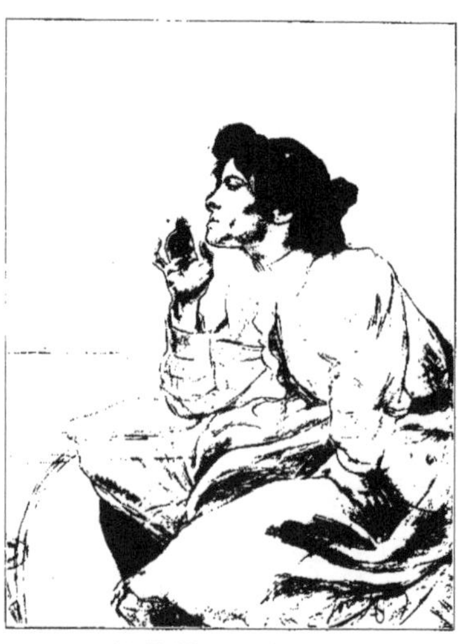

LA FEMME A LA CIGARETTE

tout un frémissement d'art. Ce n'est point à ceux qui avaient vingt ans à cette époque d'affirmer que ce fut une belle minute des lettres françaises, alors que le symbolisme naissait, que dans un cortège panaché de poëtes et d'humoristes, la Muse cherchait un terroir nouveau. Les arts plastiques, certainement, brillaient; car c'est le moment où Puvis très affirmé, Rops produisant encore, Chéret embellissant les murs, Rodin étant au plein de son art, l'Impressionisme brisant les barrières que lui opposaient les officiels par l'effort de Degas, de Raffaelli, de Monet, de Pissarro, de Renoir, de Cézanne, Willette s'affirmait, Steinlen débutait et à côté d'eux nombre des peintres et des sculpteurs aujourd'hui glorieux.

Le spectacle de Paris changeait. Pour les agréments du soir qui n'étaient point le théâtre, pour le café concert et le Music-hall, les nouvelles lumières apportaient un prestigieux rehaut d'éclat. Les

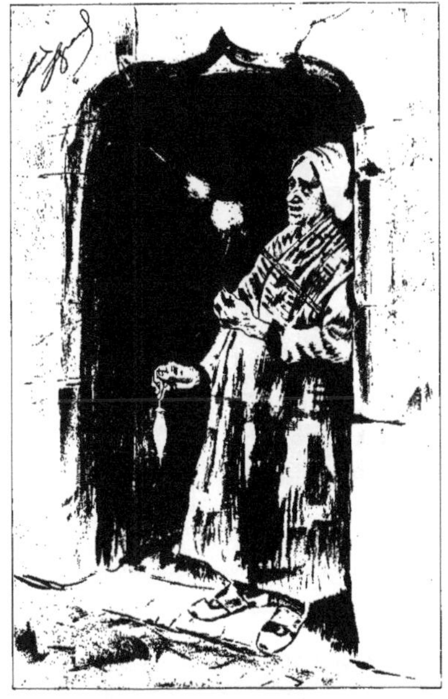

LA KORRIGHANE

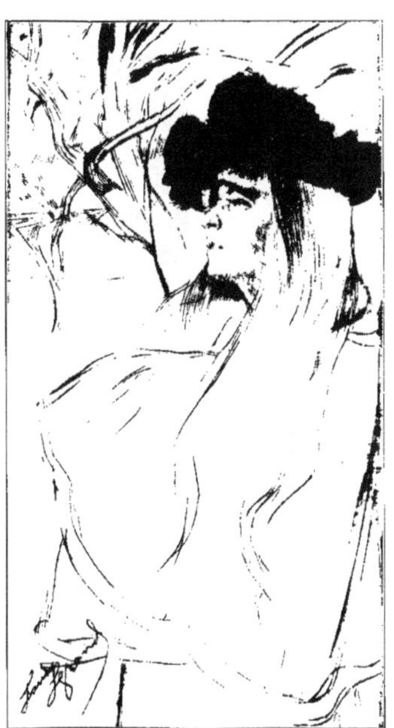

BATTERSEA PARK

Parisiens à qui l'art naturaliste et certaines pages de Zola, au même point que les belles œuvres picturales d'un Monet, avaient ouvert les yeux, sur cette nouvelle beauté diffuse sur leur ville, affluèrent aux endroits où s'affirmait le nouveau pittoresque, ou plutôt, où revivait l'ancien pittoresque un instant abandonné du bal public. Si jamais ces endroits ne furent délaissés par les chasseurs de plaisir, ils furent dès lors plus fréquentés par les artistes, car ils y découvraient plus de beauté lumineuse, et d'accord avec l'audace neuve des lampes électriques, la toilette féminine gagnait en hardiesse, en colorations violentes, et pour être bariollées, non indifférentes. Il y eut aussi à ce moment une reprise du déhanchement voluptueux par la verve un peu canaille de quelques danseuses, et leur succès qui décida les directeurs de Music-halls à afficher comme des numéros, les danses naturalistes qui figuraient déjà dans leur programme comme agréments courants, au même titre que l'orchestre et les danseuses gagées. Toutes ces danses étaient déjà connues du public populaire qui ne se faisait pas faute de s'y livrer ni même d'y exceller dans des bals de quartier; mais la basse saveur de ces chorégraphies n'était point goutée hors de ces bals de quartier et de faubourg. La recherche de nouveau un peu impressionniste, la recherche du sujet moderne, ultra-moderne par les peintres et les romanciers, la vision sur les murs d'af-

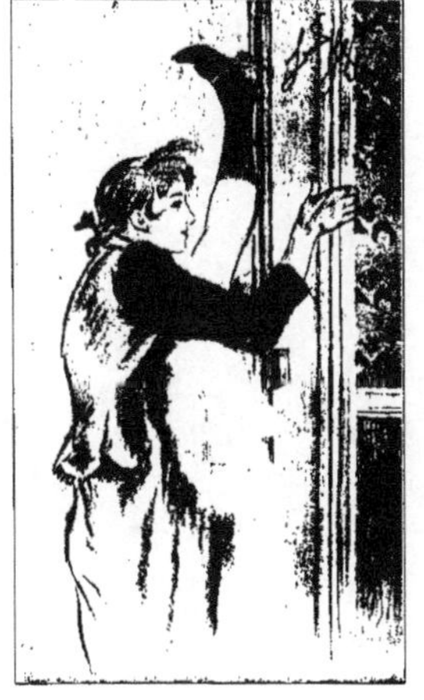

BRISEMENT DEBOUT

fiches où la joie éclatait en quelques fusées de couleur et de geste humain, l'épithète de naturalistes, heureusement trouvée pour le début de ces danses, au moment, où dans le succès du naturalisme se blottissaient quelques rechercheurs de gros effets et de scandale s'appuyant sur des forces de publicité, ne contribuèrent pas médiocrement à aider à la verve, à l'habileté professionnelle de deux de ces danseuses excentriques pour obtenir le gros succès. Si le naturalisme était encore à la mode, les décadents commençaient à l'être. Le mot *décadent* faisait fortune. L'instinct populaire sépare rarement l'idée d'évolution et l'idée de décadence. Ballotté entre des écrivains qui leur affirmaient que les décadents étaient des fous, des dégénérés donnant avec quelque grammaire une forme recherchée à des rêveries maladives, et d'autres écrivains qui leur affirmaient qu'il y avait en effet décadence, mais qu'à leur civilisation finissante il fallait une littérature

faisandée, un art spé-
cial, aigu, plus soucieux
d'éclat que de vérité;
les gens avaient fini par
admettre qu'il y avait
en effet décadence,
mais qu'on devait être
décadent. Un homme
habile changea le nom
des danses qu'on avait
appelées naturalistes,
au moment où l'on cro-
yait que le naturalisme
humait avec joie les
senteurs âcres du ruis-
seau. On déclarait que
la littérature de déca-
dence était fin de siècle!
Il baptisa ces danses,
danses fin de siècle.
sans doute pour les
distinguer du cancan
qui était commence-
ment de siècle, ayant
été inauguré vers 1830.
Les artistes et les gens
de goût, outre qu'ils

et les parures para-
doxales des danseuses,
étaient rabattus là, par
une certaine médiocrité
du théâtre sérieux à ce
moment. Ils y vinrent
beaucoup, les vieux et
les jeunes, le vieux
Guys ignoré, oublié,
qu'on croyait mort,
comme Lautrec, ou Le-
grand qui pour ses dé-
buts, trouva là les élé-
ments de son album:
la Danse fin de Siècle.

*   *   *

La danseuse a tou-
jours appelé l'attention
du peintre. Les primitifs
populaires ne se gênè-
rent point en Flandre
pour dire la beauté des
Kermesses, les autres
les hiératiques pensè-
rent souvent à Salomé,
mais c'est surtout de-

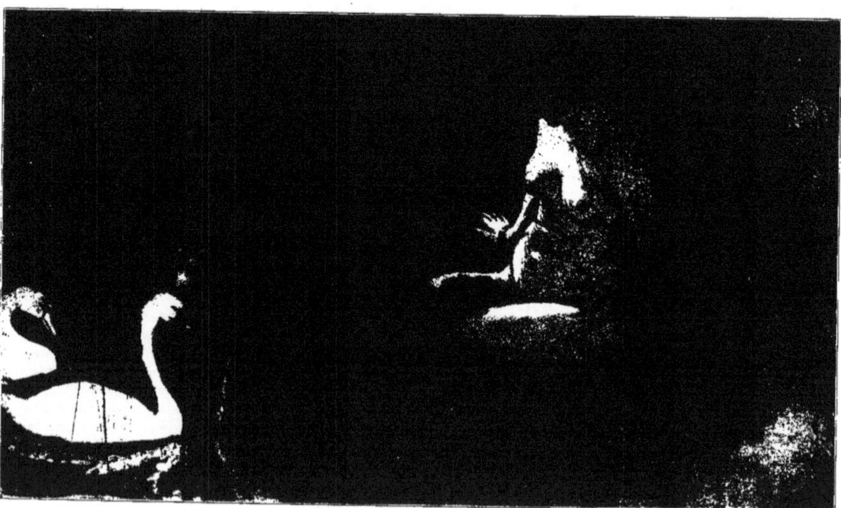

LE CROISEMENT

trouvaient là, à leur plaisir visuel, l'appoint d'un peu de nouveauté, car il ne fréquentaient guère les bals de faubourg assez
dangereux, et ils n'y eussent point rencontré l'éclat des lumières

puis le XVIII siècle que le peintre et la danseuse se fréquentèrent
et se plurent. Cent ans avant que Degas figurât parmi les habi-
tués de l'Opéra, prenant au foyer de la danse, aux coulisses,

LÉDA

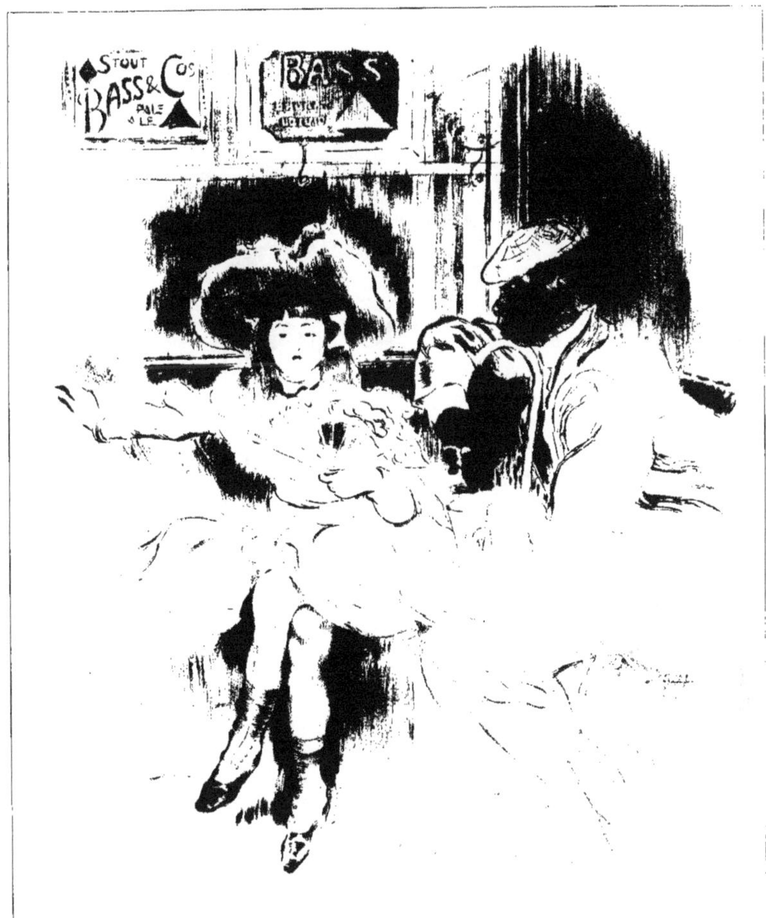

STOUT
BASS & Cos
PALE
ALE
BASS

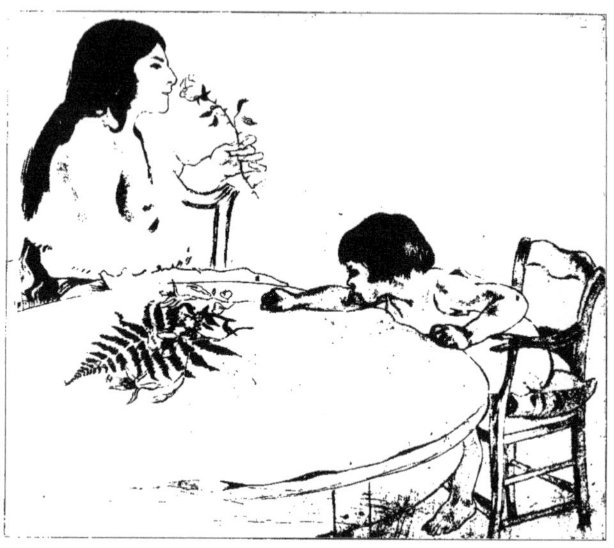

ROSA MYSTICA

qui ne comporte point d'opinion sur elles.

La Danseuse de Chéret n'est point d'ailleurs une danseuse étudiée anecdotiquement, et pour l'allure de son corps; ce n'est pas une danseuse, mais la personnification de la danse, l'apothéose décorative de la danseuse, jetée au plein ciel ornemental, sans souci de l'équilibre ni de la pesanteur, en défilé d'éventail, en figure résumatrice d'une des joies de la vie. Il en est, à ces toiles décoratives, de noires aux cheveux piqués d'une éclatante fleur rouge, de blondes avec l'éclair diapré d'un bouquet à la ceinture, présidant aux ébats des Scapins, des Arlequins, des Zerbinettes, des Colombines, de tous les masques de la comédie italienne.

Louis Legrand à son tour se passionne pour la danse et la danseuse.

*   *   *

Son étude en est tout à fait neuve.

Camille Mauclair dans ses pages sur Louis Legrand dit avec justesse et dans une belle forme synthétique:

d'une loge grillée (en même temps que Ludovic Halevy notait les propos de la famille Cardinal) les précieux croquis, rapides comme des instantanés, où la danseuse vire, volte, salue; avant que Degas et Renouard fussent admis à prendre des croquis des jeunes élèves du cours de danse, des petits rats encore jeunets, François Boucher vivait de même, le soir, dans le luxe alors bien restreint de l'Opéra. Il aima tant ce théâtre, où la danse plus encore que le chant était chez elle, qu'il dessina des décors et des costumes, et fixa de jolis atours de dentelles et de tulles pour les belles danseuses que lui et Latour portraituraient dans leurs grâces naturelles ou acquises. Il y a des dessins de Boucher qui ressemblent par la fantaisie du geste, par la grâce alerte de la mise en place, à ces papillons humains, à formes sveltes, que Degas obtint, en notant un mouvement de danse, en inscrivant rapidement la jolie courbe de la nuque et du dos d'une danseuse qui rattache son brodequin, ou qui rejette la tête en arrière vers les étoiles des herses de la scène.

Guys groupe des entrées de ballet près de coulisses et aligne en jolis ensembles de grandes danseuses quasi sévères. Au fond et de beaucoup, Guys aime mieux la danse, et la danse légère que la chorégraphie. L'art de Noverre et de Vestris ne l'intéresse guère, il va plus à l'Opéra les jours de bal que les jours de ballet. Il écrit l'histoire de Rigolboche et non de la Taglioni. Devéria a noté dans ses *contemporains* Emma Livry. C'est une figure de danseuse et non une femme qui danse. C'est Degas qui fut le premier peintre de la danseuse, de la danseuse d'Opéra. Pour l'Art moderne c'est lui qui la découvrit jusqu'à ce que Chéret vint, et Forain qui prêta des mots rosses aux petits rats, en les représentant comme de jolies bêtes aux quenottes malfaisantes, et Renouard qui suivit leurs gestes d'apprentissage, méticuleusement, avec un dessin vif et parlant,

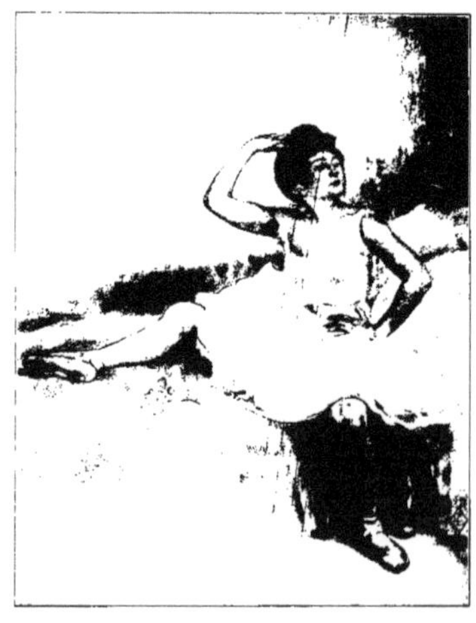

DANSEUSE ASSISE

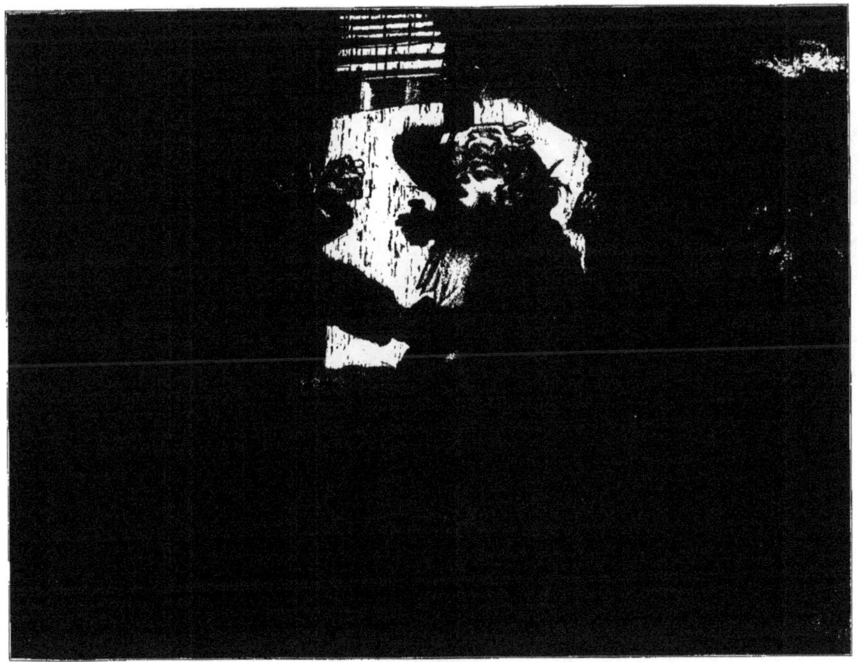

LE PAING QUOTIDIEN!

«Une part de l'œuvre de Legrand est particulièrement belle, c'est sa série d'études de danseuses. De même que dessinant le vice parisien, il a fait tout autre chose que Lautrec, ce pessimiste, glacé, japonisant, avant tout décorateur, en étudiant la vie et les exercices de la ballerine, Legrand a fait tout autre chose que Degas, bien que guidé par une curiosité très analogue, celle de montrer le contraste entre le labeur pénible, la vulgarité populaire de la danseuse, et la puissance d'illusion que la scène et la clarté confèrent à la chrysalide du jour devenue le féerique papillon de nuit; Degas qui est un dessinateur de génie et un très beau coloriste de valeurs est aussi un misanthrope à vision chagrine, spirituelle, cruelle et volontairement très restreinte. Il a tiré tous ses effets de désaccords subtils entre le charme de la tonalité et la laideur minutieusement observée des formes réelles, dans le froid jour grisâtre des salles nues, gardant un intérêt avant tout pictural. Legrand y a mis moins de méchanceté que de pitié. On dirait que Degas, avec son amour obstiné de la vérité amère, hait la danseuse parce qu'elle crée une illusion de beauté sans être belle et se réjouit de ruiner cette illusion en révélant les tares secrètes.»

La force de Legrand est de tout aborder sans parti pris, sans autre volonté que de reproduire par le dessin ce qu'il a sous les yeux. Il n'est point sans laisser la littérature fuser dans sa conception; il a des idées de poète, il ne se refuse jamais de les mener à bien, et il a raison; car pour le peintre, il est aussi fâcheux de se refuser à l'expression linéaire d'une idée parce qu'elle est d'origine poétique, et qu'elle naît en son idéologie, que de chercher des éléments d'intérêt plastique dans l'idée pure et dans l'anecdote littéraire et sentimentale; mais dans des dessins de pure étude plastique comme ses *Danseuses* Legrand se borne à enregistrer. Il ne discute ni ne moralise, il fait voir. C'est du dessin que sortira la psychologie; c'est la réalité qui parlera.

Aussi Legrand a-t-il fourni sur la danse, la plus belle série documentaire en même temps que la plus artiste.

La voici à ses tout premiers débuts, la petite danseuse qui sera peut-être une étoile; elle va à sa première leçon. Une grande femme, à l'air vulgaire et presqu'austère dans des vêtements tout noirs, les mains énormes comme des pattes de proie, la pousse devant elle dans la salle. La petite fille est à la fois souriante et intimidée. Elle tient encore au dehors, à la vie simple, à la

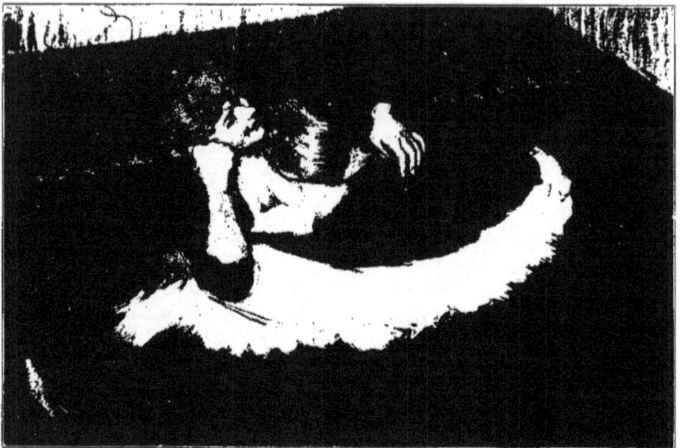

LE GRAND ÉCART

écoutent, curieuses, respectueuses, et il semble, un peu gênées, car on est timide, et la sagesse qui coule des belles lèvres d'une danseuse, n'est peut-être pas la même que celle du sage Mentor. Rien de plus pittoresque et de plus joliment enfantin que l'image de cette toute petite danseuse, dont le tutu semble une jupe courte de plage pour faire des forts ou des pâtés de sable, et qui écoute la grande fille qui lui parle, et qui par contenance, enserre de ses bras un gros pilier de fonte, ornement de la salle d'études en y appuyant sa petite tête où les cheveux fraîchement coupés sont noués en une petite queue de rat. Legrand étudie avec intérêt ces repos d'une minute des petites danseuses.

Celle-ci rêve! A quoi? Au coupé

vie d'équilibre normal, par une main encore adhérente à la porte qu'elle semble hésiter à quitter définitivement; l'autre main dont elle ne sait trop que faire elle la met sur sa tête, en un geste d'indécision, de demi-recul. Elle est toute menue dans le costume de la danseuse, ses maigres chairs décolletées, ses jambes un peu pataudes de fillette en croissance, nues. Elle hésite.

Après les premières leçons voici la récréation; l'eau forte qui s'appelle *La Fille à sa tante*, montre la petite danseuse encore bébé, à croppetons sur un grand divan; ses genoux repliés sous elle saillent en fortes rotules; la jupe tout autour d'elle rebrouffe comme une auréole autour des reins, en queue blanche de paon derrière le corsage; elle croque quelque friandise, l'air ingénu, l'air enfant, tandis que la tante vaque à quelqu'ouvrage au crochet. La récréation comporte aussi des jeux, où l'on s'essaie lorsqu'on a bien travaillé, lorsqu'on est déjà une des fortes du cours, à montrer sa science et sa souplesse aux petites camarades; on est déjà grandette et on se sent jolie. C'est avec joie qu'on offre un savant aspect de dislocation, portant un pied sur le dossier du fauteuil d'où une petite camarade au repos vous considère avec un ravissement un peu jaloux, et en restant distante et ferme sur son autre jambe de toute la puissance d'*écart* qu'on a pu déjà acquérir. Les meubles sont toujours utiles à la petite danseuse, pour les éloigner, les rattraper du bout du petit brodequin de danse, les faire servir à quelqu'exercice de force et d'adresse. Les pointes sèches de Legrand utilisent quelques unes de ces poses capricieuses et illogiques qui apprendront à la petite danseuse à s'affranchir lentement, et autant que faire se peut, des lois de pesanteur. Les grandes sont à ce que dit l'estampe qui s'intitule *Initiation* pleines de bons conseils; les petites les

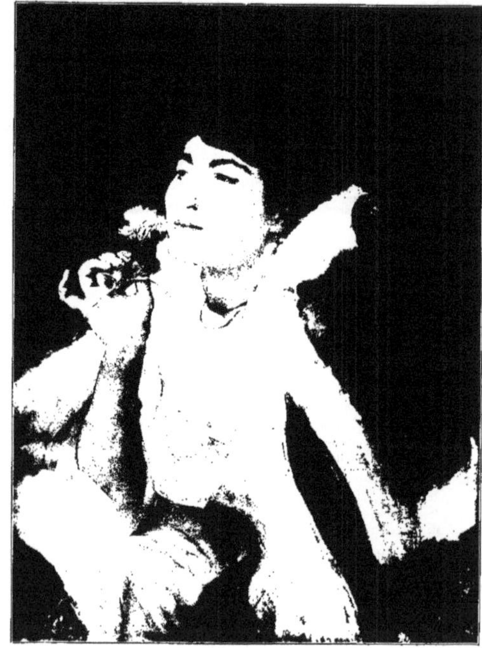

LA DAME A L'ŒILLET

futur! L'autre, les mains croisées derrière le dos et faisant bouffer la petite jupette paraît en train de méditer sur toute la philosophie de ballet et de la vie. C'est d'avoir de beaux yeux qu'elle prennent ces airs de méditation. On a une jolie grâce; on arrive au cours de danse, à l'École de danse où Mme Théodore dresse pour le faste des galas et des grandes premières les menues danseuses dont l'une ou l'autre égalera Terpsichore ou Rosita Mauri, à moins que l'on ne se dirige vers la salle où Mariquita vous prépare à représenter tout ce que le monde civilisé peut contenir de féerie; on y arrive en très joli arrangement; au moins la tête très coquettement parée de cheveux coupés au ras des yeux et retombant en boucles épaisses sur les épaules; on a déjà ses prétentions. D'ailleurs on peut se voir, le soir, s'admirer projetée dans l'avenir, sous les aspects d'une grande danseuse, dont on suit les traces pas à pas, à petits pas, à petits entrechats, à petits jetés-battus. On peut s'admirer, en avenir, dans les mille miroirs teintés d'espérance et dont le cadre est fait de toutes les fleurs de la gloire, de tous les lauriers, de tous les bouquets immenses qu'on apporte en grandes gerbes. Et sous la flamme du lustre ou la plaque gemmée des plafonds lumineux, on voit les grandes qui apparaissent sur la vaste scène, si c'est à l'Opéra, comme des lys blancs et roses se mouvant en cadence aux sons les plus doux des instruments, et si c'est au théâtre de féerie, en admirant les grands ensembles, on voit

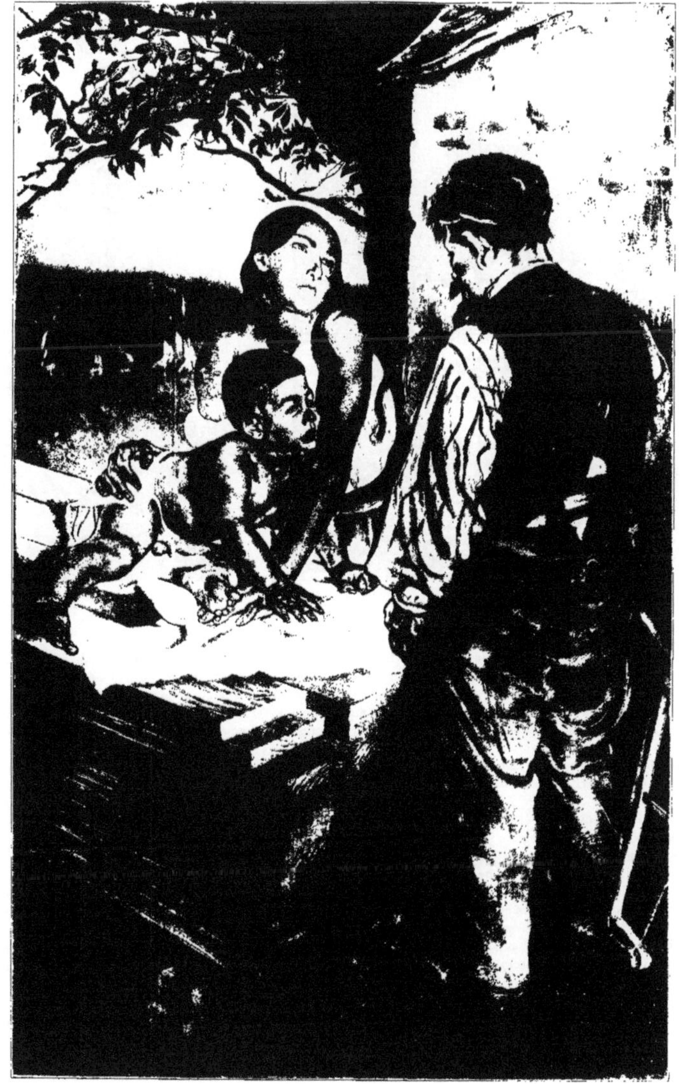

LE FILS DU CHARPENTIER

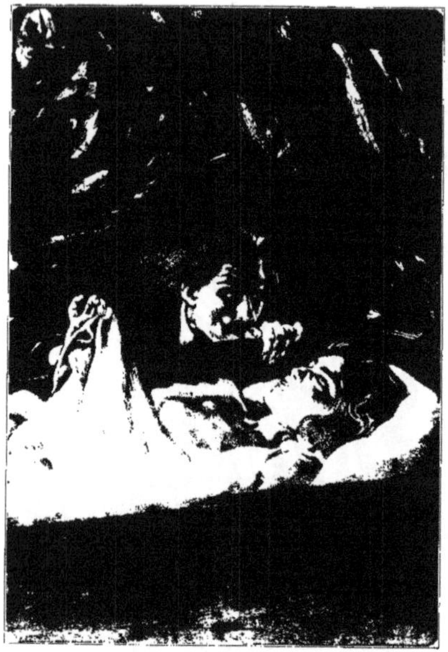

BÉRÉNICE

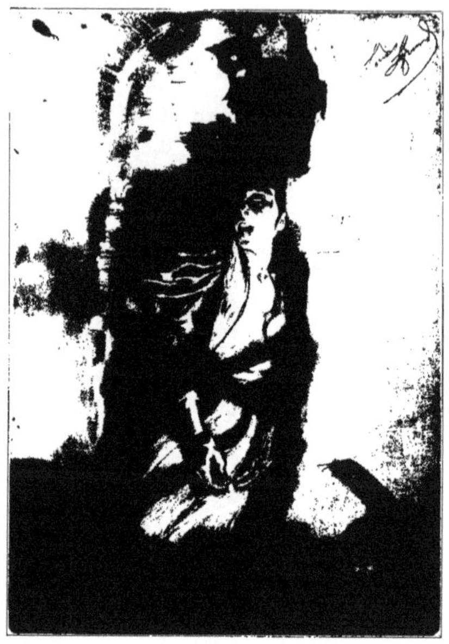

LE CHAT NOIR

qu'on pourra devenir une fleur du plus joli parterre, un anneau de cette chaîne de séductions que les belles nymphes nouent autour du héros, du prince charmant qui arrive. Le dieu Protée n'a jamais eu plus de transformations ni de travestissements à sa disposition que n'en a le maître de ballet aidé du costumier. Et tous les jours, de façon nouvelle, on réalisera le mythe de Cendrillon, qui le matin épluchait les légumes en simple appareil, et que le soir le fils du roi vient chercher en carosse doré, parmi des gardes étincelants. Et ces plaisirs de théâtre qui sont des visions d'avenir sont le soir, dans la couchette étroite les songes de la petite danseuse. Son sommeil la promène parmi les avenues des parcs enchantés, les bosquets d'amour, les salles de bal où tournent la noblesse d'un peuple avec toutes les nymphes et tous les génies, d'où l'on semble parfois s'élancer vers les airs avec les ailettes de gaze et d'or, bien attachées et qui frémissent aux épaules de la petite danseuse. Et pourquoi n'arriverait-elle pas un jour à jaillir ainsi, seule, comme la première danseuse, parmi la grande scène vide, les autres danseuses groupées en haies respectueuses, ou en fonds destinés à faire ressortir simplement, par un geste monotone et répété, sa pantomime ardente, la couleur de son costume la blancheur de ses seins et l'étincellement des pierreries conquises par le travail et la beauté. Ce sont des visions enivrantes, qui font l'accès de la salle d'études agréable et qui rendent cette salle magnifique comme un temple, un temple de gloire

future, lorsque l'étoile du ballet, celle qu'on admire et qu'on envie, passe en son élégante toilette de ville, et avant d'aller répéter, souriante, s'intéresse aux progrès des petites qui l'entourent timides et charmantes, peureuses et ambitieuses d'un sourire comme les poètes jeunes entoureraient Orphée.

Tout est beauté dans la danseuse, le mouvement et le repos. Les petites le savent bien et soignent leurs mines. Il faut savoir sourire et attendre comme dans cette eau forte de Legrand qui s'appelle *troisième acte, Scène 8, quatrième tableau de je ne sais quoi*, où la danseuse, les cheveux dénoués, couchée derrière un portant, auprès d'un arbuste stylisé comme on n'en voit qu'aux jardins des Hespérides, d'Avalon ou de l'Opéra, ennuagée de tulles attend la barque qui amène ou Thésée ou Siegfried, l'amoureux éternel. Ces sérénités gracieuses, et ces mouvements magnifiques, cela vaut bien les dures années d'apprentissage, les humbles figurations, tout le rude chemin de cet espoir fulgurant, et une fois qu'on en est là, qu'on brille, la danseuse ne l'ignore point et Legrand ne nous le cache pas, ce n'est plus simplement le petit amoureux de la légende, le berger blanc et bleu, ou le roi puissant qui viendra vers elle, image stérile faite avec une de ses comgagnes ou un danseur qui comme elle porterait le masque de théâtre, mais bien l'amoureux réel, dompteur d'hommes ou dompteur d'or, le raffiné, amoureux des souples mouvements, ou le brutal homme d'affaires qui voudra mettre à sa boutonnière l'éblouissant piquet

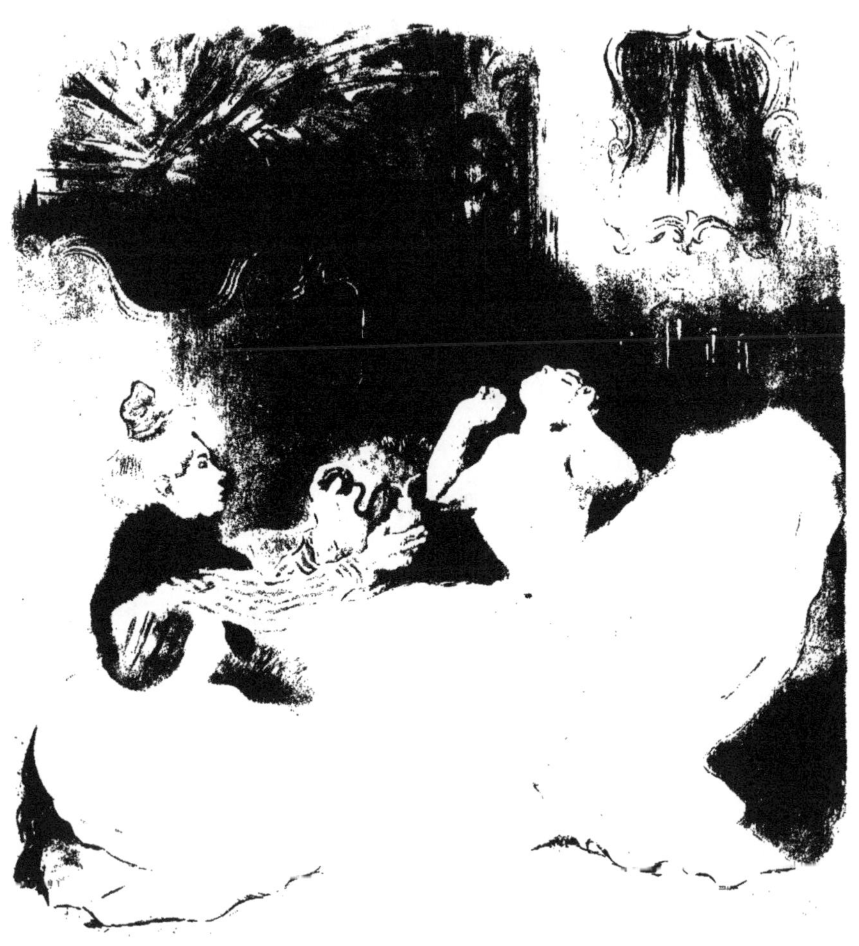

L'HÉTAIRE

d'une beauté rythmique aux gestes savants. Viendront vers elle les sages, les forts, les riches, les rois. Legrand a vu des petits rats contempler en extase le roi des Belges et la grande vie dont il leur apparaît le symbole intégral. Pour triompher dans cette course à la puissance, il n'y a point d'étude trop rude. Il y a aussi à apprendre à être suprêmement élégante sans danser, simplement au foyer; là dessus aussi, Legrand a de belles et suggestives images.

Les danseuses que Louis Legrand dessina au début de sa carrière ne passent ni par ces moires de rêves, ni par ses ambitions esthétiques, ni par ces fortes préparations. Elles n'ont point, ces amoureux quasi mystiques qu'elles rencontrent parmi les spectateurs qui confondent dans cet éclat de gazes et de perles la femme et la fée, ni ces dévoués tendres qui les accompagnent d'une admiration exaltée, comme ce singulier *Ami des danseuses.*

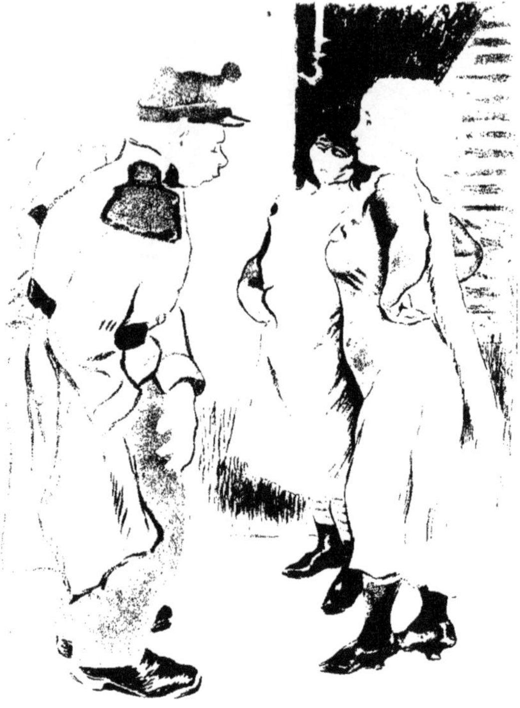

MILITARISTES

de siècle. Oh! de très loin. La clownerie est art noble, qui vise à réjouir les hommes et les enfants sans leur infliger de dépenses cérébrales, et les danses *Fin de siècle,* le *Chahut* n'étaient qu'un gros appel de luxure dans un éboulis de jupes, de lumières, de dentelles et de grossière apothéose des fanfares. Ce brutalisme vicieux admis, il faut admettre aussi que le métier était dur, difficile à apprendre, nécessitait une grosse somme de travail physique, qu'il y fallait plus qu'ailleurs de la robustesse, et autant que pour la moindre exhibition de mouvement, de l'adresse. Legrand l'a bien vu qui appuie sur la somme d'efforts à donner pour produire ce résultat esthétique quasi négatif, et cette provocation certaine des sens. Il a traduit admirablement les masques résolus et un peu canailles des danseuses sous leurs énormes chapeaux de plumes et de fleurs qui ont été un de leurs éléments de succès.

qu'une planche célèbre de Legrand, montre le violon à la main, auprès de deux petites ballerines. C'est une belle et douce et mystérieuse figure qui fait songer à quelque personnage balzacien, à Schmucke, du *Cousin Pons,* le doux musicien de tant de cœur et de douceur. Les danseuses de la danse *Fin de siècle,* ont les commencements plus durs, si plus tardifs, et la gloire moins assurée. Ne les plaignons pas trop. Certaines à la vérité préfèrent, et de beaucoup, le dansant fracas de cuivre, qui accompagne leurs pirouettes à toutes les savantes langueurs de grande musique, sur lesquelles leurs grandes et ambitieuses consœurs de l'Opéra et même de la féerie bouffe, glissent. Celles-là, celles des music-halls, piaffent hardiment. Mais sans vouloir diminuer l'art intéressant de la clownerie, les sauts prodigieux, les habiletés gymnastiques, les spirituelles jobarderies des Hanlon-Lees ou des Martinetti, on peut rapprocher de leur art un peu, les ébats de la danse fin

Et en quoi ce large amas de fanfreluches y pouvait-il contribuer?

La différence entre ces danseuses fin de siècle, et celles qui dans des music-halls comme les Folies-Bergères ou l'Olympia, dansèrent des danses à peu près pareilles, ou des danses dérivées (en gaité) des danses d'opéra, la supériorité de leur appel aux sens, était, qu'aussitôt les mouvements de danse finis, la ryhthmique artificielle terminée, elles étaient de plein pied avec le désir du spectateur. Nul recul de rampe, nulle difficulté d'accès, pas de coulisses sombres ou claires à traverser. Elles rentraient dans la foule à peine plus parées, à peine plus excentriques dans leur costume que le tas des pécheresses qui erraient là, à la recherche du mâle. La femme qui venait d'écarter ses jambes, en ciseaux, frôlait de ses fortes hanches le passant qu'elle venait d'émoustiller. Elle gardait tout entier sur elle le costume de la prostitution, après avoir montré un mirage bref de jambes ner-

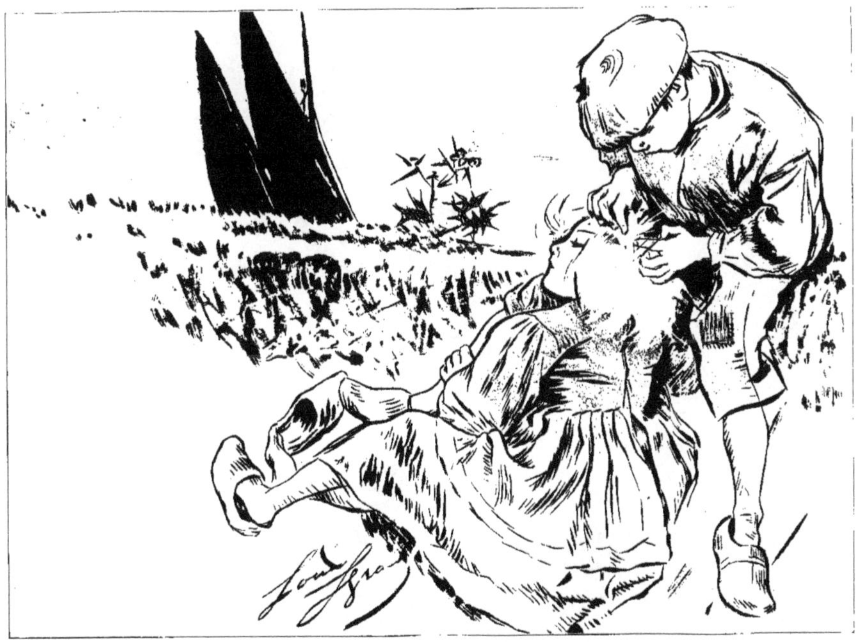

EXTRAIT DU „CAP DE LA CHÈVRE"

veuses et de dessous touffus. L'acuité des dessins de Legrand les suit dans leur mentalité, dans leur luxure, dans leur calcul et en même temps les plaint, car sauf dans un pauvre sens littéral et inesthétique, vraiment elles ne savent pas ce qu'elles font, et la gymnastique est leur seule Muse!

La danseuse du music-hall est tout près de la fille. La fille, Legrand la fait passer devant son dessin sans malédiction bourgeoise.

Il sait que la rançon de son commerce c'est parfois l'amour et l'amour qui est tombé où il a pu, à fleur de ruisseau, l'amour brutal et qui exige non tant des caresses que le droit à la fainéantise. Voyez cette eau-forte le *Paing quotidien*. L'étymologie ici se trouble et hésite; la langue populaire qui appelle un coup de poing un paing, s'inspire-t-elle de la massivité de la boule de farine, ou a-t-elle classé l'onomatopée, *ping*. de laquelle elle salue l'assénée d'un coup sur un objet résistant? Malgré le calembour du titre, le *paing* quotidien, l'eau-forte de Legrand est puissante et douloureuse; dans l'admirable et sombre évocation de la chambre, le mâle se rue sur la femme, les gros poings fermés. Sous le chapeau de soie, sa tête s'affirme brutale et bestiale, avec les yeux petits et noirs, le nez oblique, la petite moustache quasi professionnelle relevée en croc, le dos tendu dans l'effort du *gaon* qui va s'abattre sur la malheureuse

levant ses mains pour protéger sa face où meurent des restes de beauté. Dans la note tristement joviale, dans le grand comique amer, mettons à côté des planches les meilleures de Rops, ce *Miché des Salons*, cette extraordinaire étude d'ivrogne vautré auprès de la fille nue, et ces figurations du vice qui guette parmi les rues des villes, sa proie. Quelquefois portant tout son souci de grâce a bien dessiner le corps de la fillette, ce trottin qui court les rues chargé de cartons et de paquets, Legrand lance à sa piste, l'homme orné d'une tête de porc et lui met une fleur aux doigts. Il se sert aussi de cet attribut animal pour symboliser des couples de bourgeois idylliques, sans doute enrichis par quelqu'un de ces métiers bizarres qui n'empêchent pas d'être rentiers, fortune faite. Ainsi opèrent les Charles, du roman de Zola la *Terre*, la maison Tellier fut un de ces entrepôts fructueux. Mais si la franchise de Legrand devant la vie ne s'interdit ni l'allure bavarde et le geste gauche cherchant le porte-monnaie dans la poche du pantalon rouge du soldat en goguette, et s'il met sur le masque du pauvre troupier tous les regrets avaricieux sur tous les désirs, ce qu'il recherche surtout, c'est le caractère des êtres qu'il dessine, et par le galbe, la certitude, l'allure, la décision du masque, ses figures de filles ont une belle signification. Il a donné à certaines, douées d'ailleurs

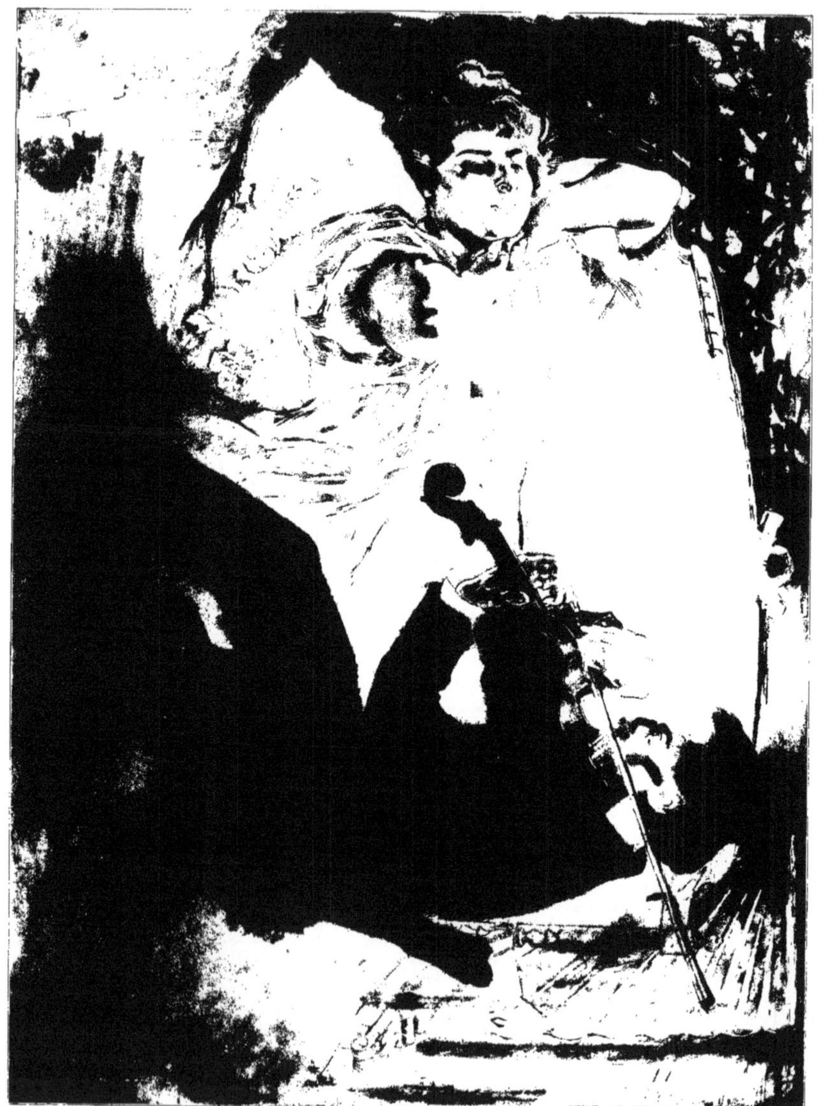

LES AMANTS

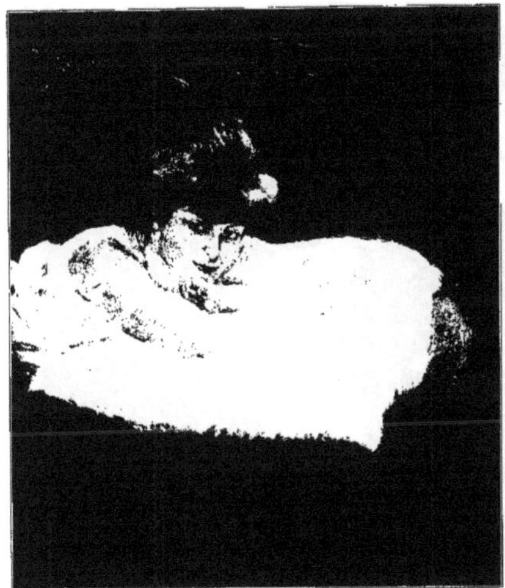

FEMME A L'OREILLER

BUSTE DE JEUNE DANSEUSE

de beauté, quelque chose comme un vif sentiment de leur indépendance indiqué par un modelé de traits singulièrement volontaire, singulièrement puissant. On sent de mauvais désirs allumés dans les yeux froids et ces passions sombres qui sont surtout d'indépendance et de vengeance envers une société qui les a jetées au rang des parias.

LES ENFANTS

A côté de ces violences Legrand est un admirable peintre d'enfants. Il a dessiné les siens, il les a interprété dans l'art réaliste et dans ces transpositions légendaires dont il a la maîtrise. Le bébé, sous son crayon apparaît toujours doux, vrai, fin dans sa gaucherie maffluc, dans le charme de son sourire. La petite fille, il l'a notée de mille façons diverses. Il en a décrit, de joliment mignardes, jouant à la grande personne, très calines, très gentilles, très raisonnables, jetant des bras

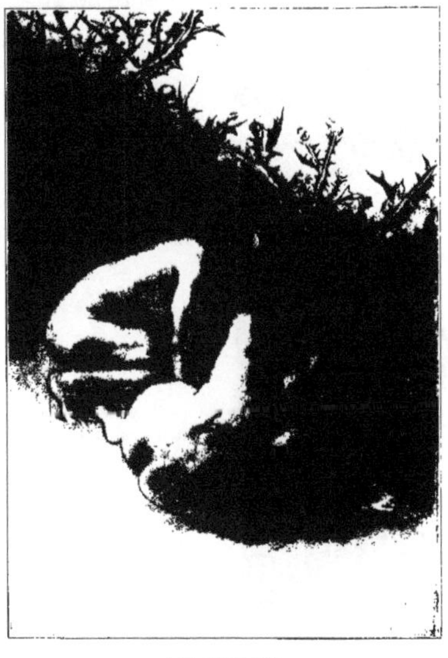

LES FAUTEURS

frais autour du cou des grand'-mères ridées. Il leur a donné leurs airs de ville et leurs airs de campagne, si l'on peut dire; elles apparaissent fines, gantées, mondaines, elles apparaissent fixées, par la dure volonté des parents et de l'époque qui exige tant de travail et tant de science des fillettes, à des durs devoirs et on sent bien qu'elles s'ennuient; les yeux brillent d'un joli feu pervers fait de l'instinct de désobéissance. Comme les martyres chrétiennes, mais pour un motif moins grandiose, elles semblent affirmer que si leurs corps sont soumis à la terrible loi du travail, si justement dénommée par Jules Guesde la loi d'airain, leurs âmes au moins, ont conservé toute leur liberté, et les yeux de ces petites bourgeoises en herbe, suivent le vol de leurs ébats des dimanches et des vacances, dans toute une campagne rieuse jetée malicieusement en haut de la pointe sèche comme un horizon réel. A la campagne on peut être très sage. Voici une pastorale, auprès d'une grand'-maman paysanne, très douce, la

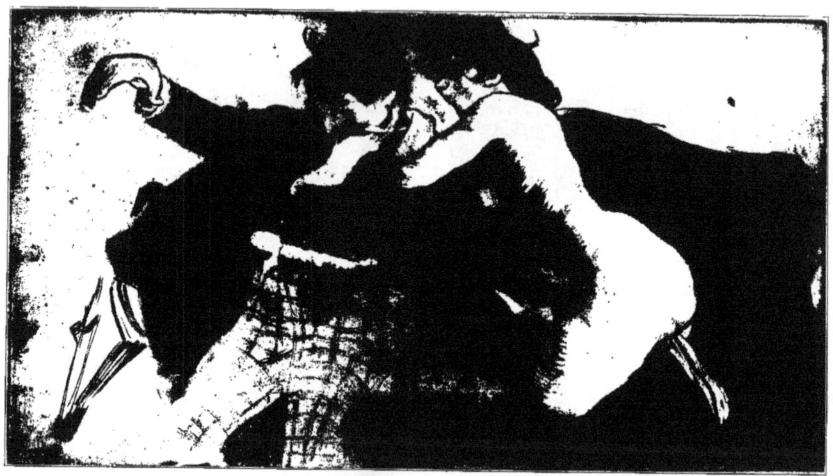

LE MICHÉ DES SALONS

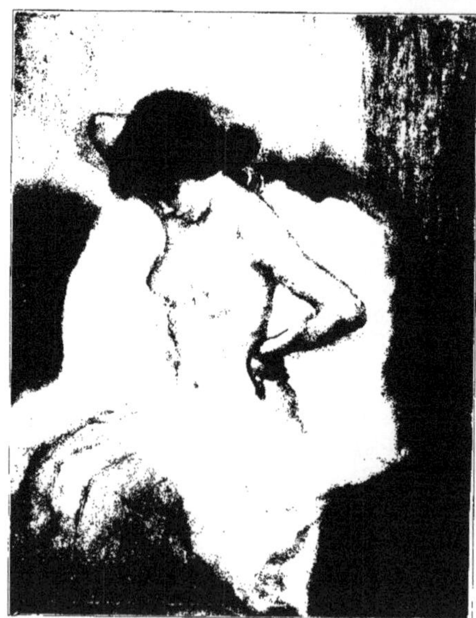

BUSTE DE JEUNE FILLE

petite fille joue à la bergère, avec de blancs moutons. Dans d'autres de ces pointes sèches, si enlevées, si joliment nerveuses, si fines, si suggestives en ce qu'elles disent et ce qu'elles indiquent, les petites filles ont la joie de se reposer sur l'herbe jolie et bien peignée des environs de Paris, auprès des mères si élégantes que c'est un gros plaisir d'être les filles de ces belles princesses de féérie. Et ces graves petites personnes qui savent aussi être mutines, ce sont les sœurs d'art des petites paysannes joufflues et étonnées, et des petites danseuses alertes, et des bons gros mioches à l'air confit en même temps et espiègle que Legrand jette sur un divan, où ils ont promis d'être bien sage!

*   *   *

LA PEINTURE

Le métier de graveur de Louis Legrand est à la fois simple varié et neuf. M. Alboize dit: Rien dans les planches de Louis Legrand ne rappelle la laborieuse et patiente mise en œuvre « des trucs » plus ou moins appris dont se targue l'habileté des graveurs. Il a cette originalité systématique et ce mérite de préférer à l'emploi des procédés connus, la saveur d'une éxécution essentiellement neuve et personnelle, un métier dont la technique doit plus à ses recherches propres qu'aux recettes courantes, qui sont le lot commun, le pont aux ânes de tous les aquafortistes. Aussi est-ce un sujet d'étonnement, même pour les praticiens du cuivre gravé, de voir le parti qu'il sait tirer de la morsure, pour la gradation des teintes, depuis les noirs

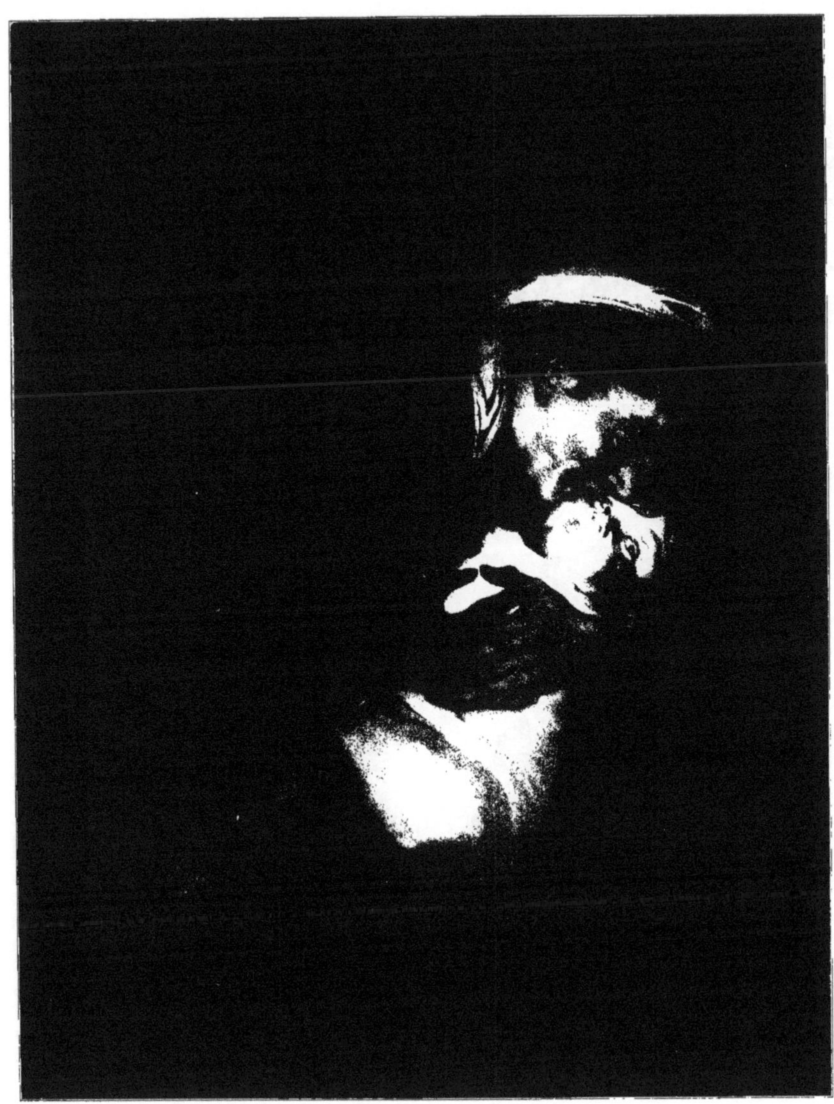

JOIE MATERNELLE

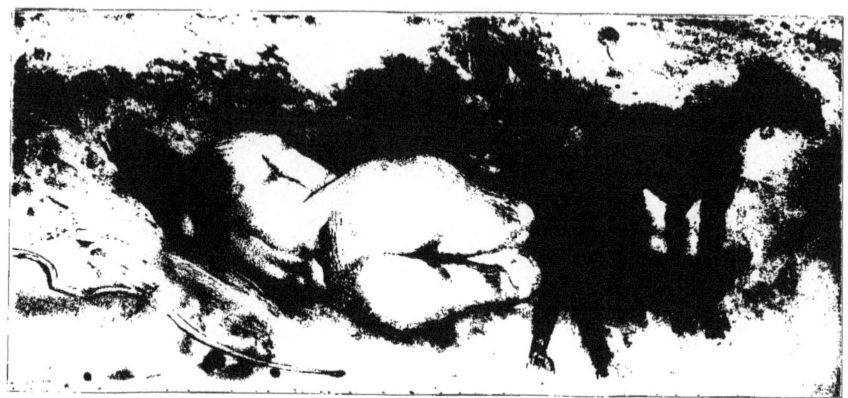

DIANE CHASSERESSE

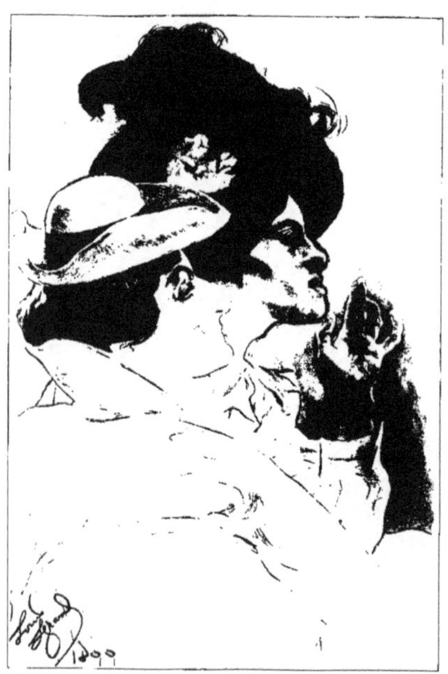

PROFILS PARISIENS

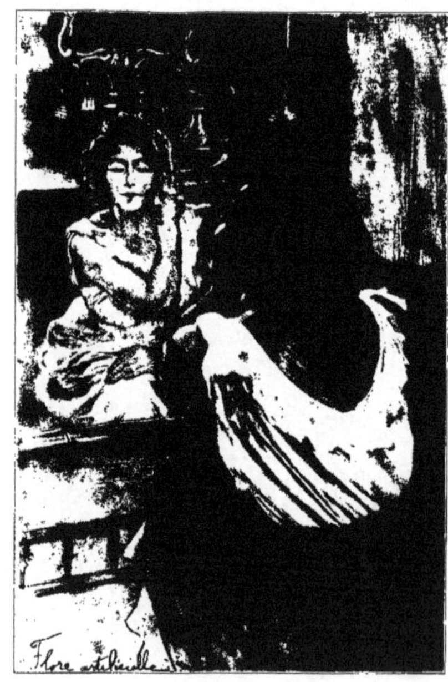

FLORE ARTIFICIELLE

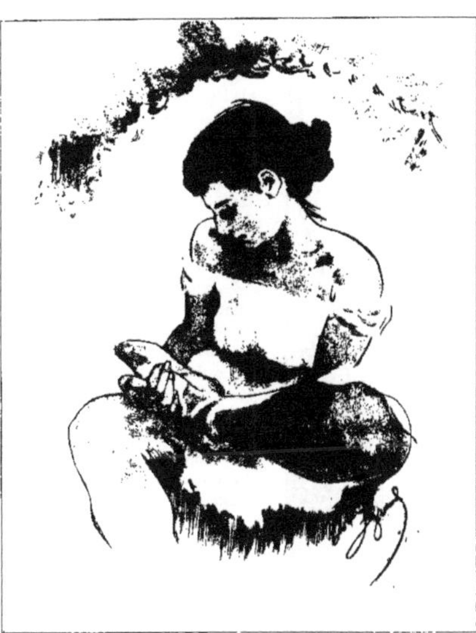

LA MOME TERPSICHORE

Le métier de peintre et de pastelliste de Louis Legrand ne le cède en rien en nouveauté aux mérites de son métier de graveur. Après les anciens pastels très faits, très harmonieux, aux plus jolis jeux de couleur, il a abordé une série de pastels d'une technique infiniment délicate, dépassant la notation impressionniste, par le jeu autour de ses lignes de petits traits colorés qui forment les valeurs du ton. On en a vu récemment une trentaine (selon cette méthode) exposés chez Pellet, l'éditeur qui eut toujours confiance en Legrand, et lui facilita le progrès de son talent, en lui assurant avec tout son dévouement et son habileté commerciale l'indépendance et la possibilité de ne faire que de l'art et de pousser logiquement ses recherches dans le sens où Legrand les voulait diriger; d'ailleurs éditeur très épris de l'œuvre qu'il défend.

Le métier de peintre de Legrand est aussi d'une nouveauté et d'une audace grande. Il ne nie aucune des qualités de l'impressionnisme, même de ceux qui en dérivent ou l'ont poussé très loin, comme Cézanne et Van Gogh. Il a sur Van Gogh, la supériorité énorme de sa science du dessin; tel paysage ou telle marine de Legrand, dans son magnifique ébrouement de couleurs, emprunte une partie de ses effets à un prestigieux modelé. Ce saule qui est la note dominante d'un paysage très calme, Legrand l'attaque au couteau, truellant avec une délicatesse infinie le tronc

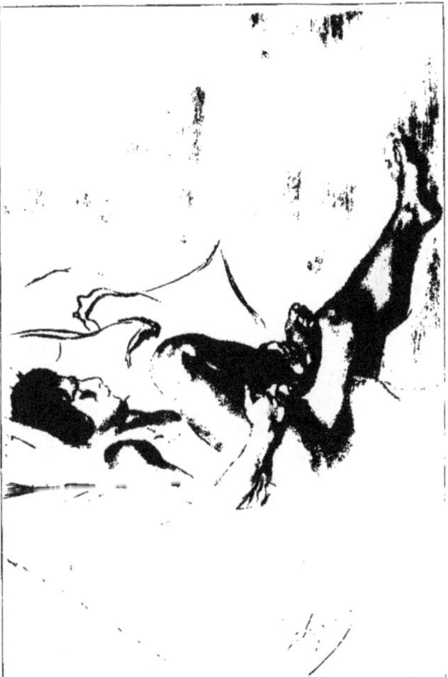

FLEUR DE LIT

les plus opaques jusqu'au gris les plus légers et les plus transparents, et toutes les nuances de cette gamme, il excelle à les assouplir au gré de ses fantaisies avec une sûreté, une aisance, une décision bien faites pour déconcerter les plus experts parmi les professionnels. Morin décrit l'appareil de graveur de Legrand: «Pour tous instruments une pointe, un verre plein de résine en poudre, un soufflet de cuisine et de l'eau forte presque pure, cela suffit... Pour Legrand la question du métier n'est rien; il concentre tout son effort sur l'œuvre d'art.»

Plus précis encore Roger Marx explique: «Les méthodes de l'eau forte classique, ne sont pas tant s'en faut, celles que préconise M. Legrand. Il récuse l'usage de la pointe trop mesquine, à son gré, et répudie le travail traditionnel qui inverse l'effet. Avec un crayon par lui composé, M. Legrand trace l'image sur le métal recouvert d'un grain de résine, plus ou moins fin, selon le sujet. Il obtient de la sorte, un dessin, s'enlevant dans ses valeurs définitives en noir sur le fond clair du cuivre; la plaque ainsi dessinée est revêtue de vernis, plongée dans l'eau. Bientôt le vernis de se soulever sur le parcours du crayon et de laisser le cuivre à nu à travers la couche de résine. L'artiste n'aura plus maintenant qu'à faire mordre pour obtenir le premier état de sa planche. De l'emploi de ce procédé sont résultées de précieuses acquisitions nouvelles. J'insiste sur la qualité que prend le dessin, libre et large, sur le gras du modelé, sur la délicate notation de l'enveloppe et des jeux de la lumière. De longtemps, l'eau forte n'avait été à ce point renouvelée et contrainte d'atteindre à une pareille puissance, à tant de variété et à tant de souplesse.»

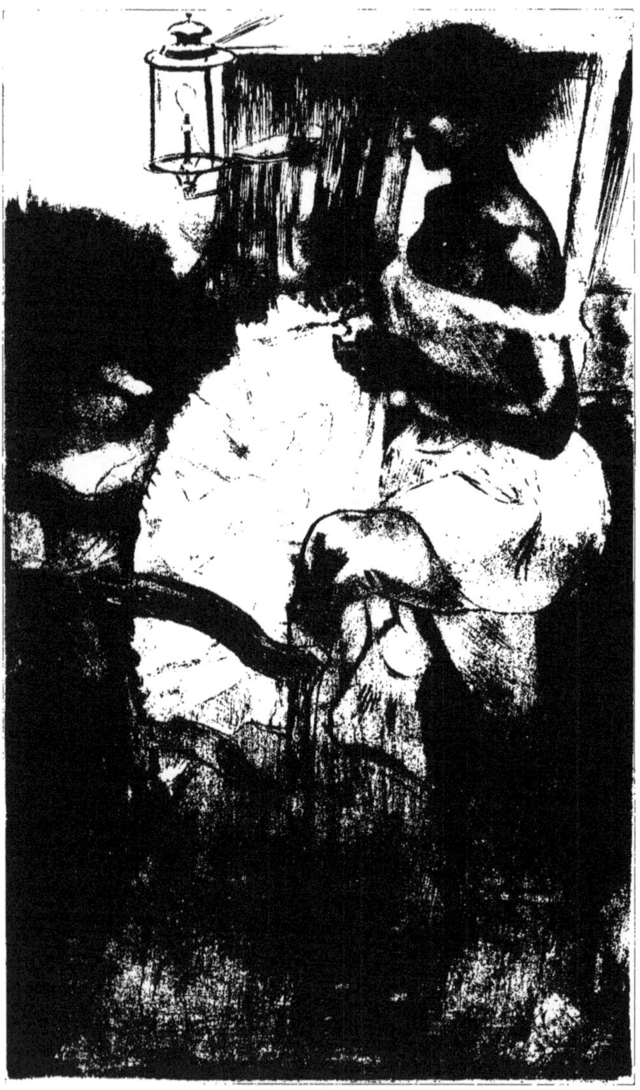

LE DÉSHABILLAGE

de l'arbre, graduant des épaisseurs et des densités de feuilles, qui s'en vont diminuant vers la cime des frondaisons jusqu'à un ciel mouvementé, mais peint comme à plat si l'on voit la différence de relief entre cet arbre et le ciel; avec la même force il dégrade les épaisseurs des berges et du lointain, et voici une saisissante impression de nature prise en toute sa vérité par ce que dans le dessin, le relief, c'est-à-dire le modelé, est introduit. Les pointillistes avaient obtenu le modelé dans la lumière, mais en sacrifiant la densité des objets, en ne différenciant plus suffisamment les fermetés et fluidités du ciel, de l'eau, du terrain, et voilà encore une difficulté de résolue, dans ce calme paysage qui s'étend autour de ce saule, comme dans cette marine où des flots bleu-profond se précipitent des lointains sur une roche éclatante de couleurs rugueuses. Une autre de ses toiles nouvelles, c'est sur un banc de jardin public, une jolie femme élégante, à la robe mangée d'ombre lumineuse, si justement vue que ce n'est point la teinte de l'étoffe que l'on distingue, mais l'impression unie, fondue, de toute cette joie de la lumière et de la belle feuillure qui derrière elle forme comme un mur mouvant d'arborescences? Sur un fond bleu de divan une jeune femme amoureuse attend dans la joie de son beau corps. . . Ce métier de peintre qui fut d'abord et surtout d'une robuste mise en valeur, dans une recherche d'harmonie de tons très sonores avec des bleus chantants, des roses vifs, des rouges éclatants, aboutit à une construction solide de la beauté de la face humaine, gardant tous les reliefs, faisant mirotier tous les micas de la peau, toutes les séductions de la joie solaire se jouant sur la claire transparence des chairs, et parvient à une présentation admi-

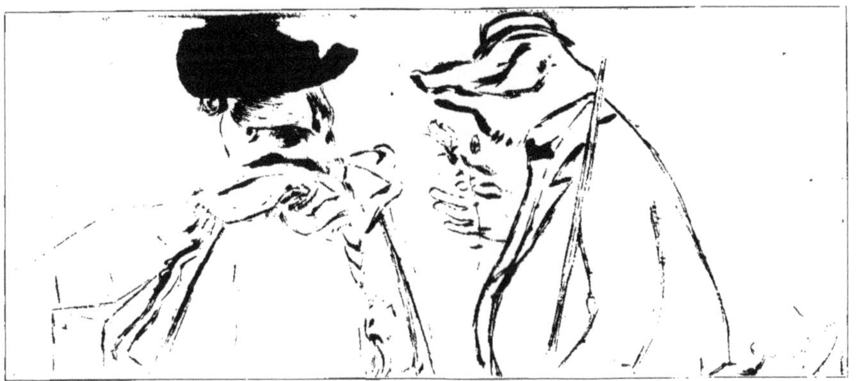

COCHON D'AVRIL

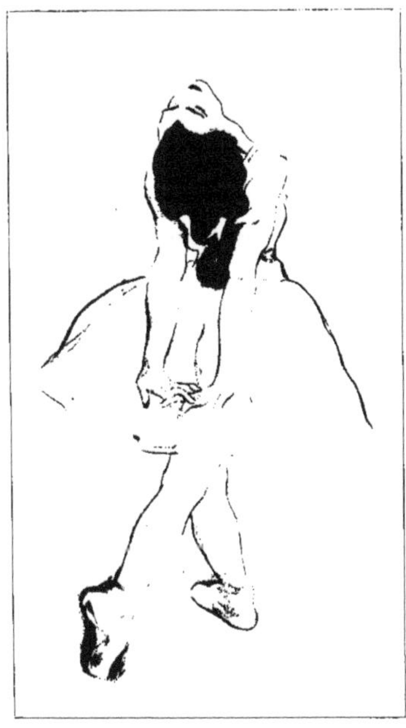

DÉLASSEMENT

rable et expressive de la nature.

*　*　*

Et l'homme est jeune dans sa robuste maturité, quarante cinq ans à peine. Il est au seuil du grand avenir. Il n'a point accepté les spécialisations qui font venir le succès plus vite, par la répétition des mêmes motifs traités en analogies, fournis en réplique. Il a tranquillement développé un rêve d'art très volontaire, dont on n'a pas aperçu tout de suite, la vigoureuse personnalité, à cause de la largeur même de cette personnalité. Il continue Rops par la puissance de son labeur, par le don qu'il a de faire

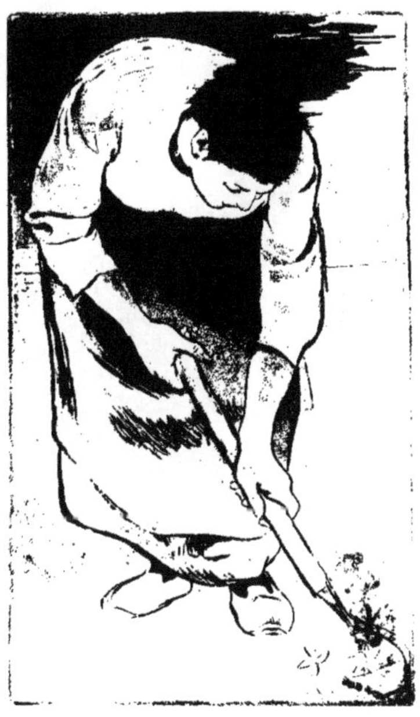

LA SARCLEUSE

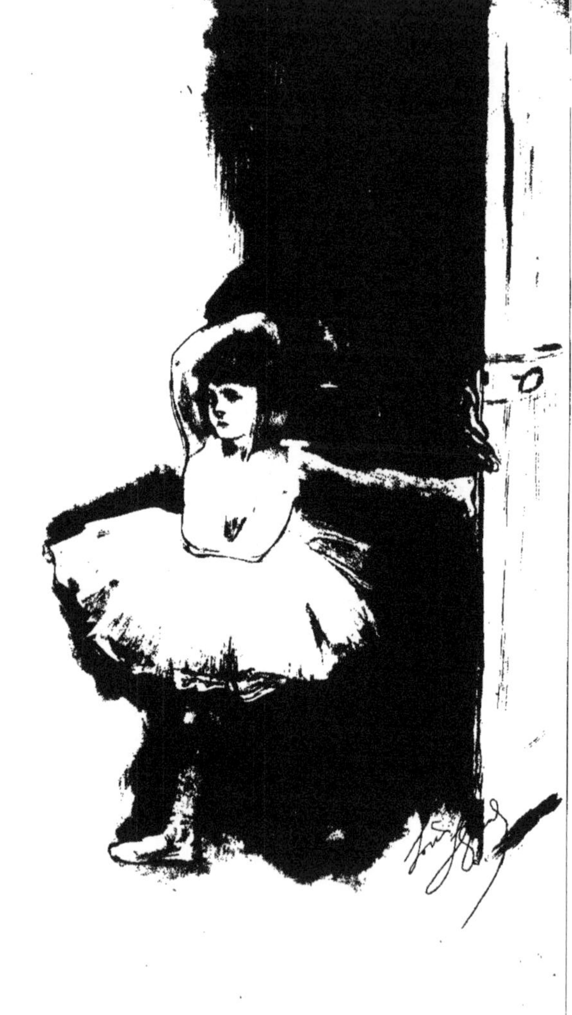

LA PREMIÈRE LEÇON

jaillir sous son crayon en lui donnant toute la vie et toute la force en même temps que la beauté, une académie féminine, un un expressif. Mais s'il équivaut au moins à Rops par son magnifique métier de graveur, il le dépasse autrement, n'étant point hanté de ces défauts littéraires, le satanisme et la recherche de la perversité. Il a en plus de ce maître puissant son art de pastelliste, et son œuvre de peintre est plus vaste, mais surtout son mérite est de voir clair, large, vrai, vivant, et de rendre avec une puissance très sûre et une extraordinaire liberté.

Un artiste n'a jamais toutes les notes de l'art, un artiste ne rend jamais toutes les images du monde. Les plus grands et les plus puissants n'ont pu que se tailler de grands domaines dans le spectacle de la vie. Celui-ci a de larges terroirs, il a le pays du vice, où il alla capter les personnages de sa *Faune parisienne*, il a l'admirable pays de la danse, où il a fait surgir tant de formes multiples et si diverses, il a le sentiment très clair et très net des intimités familiales, il a le sens du bourgeois moderne qu'il voit dans sa famille, qu'il suit dans la fête galante, dont il donne une effigie juste, ni cruelle, ni indulgente, ni caricaturale. Il a le pays de la légende douce, le pays de la foi, où il a été chercher les fleurs de son *Livre d'Heures* si tendre et si moderne et si précieux aussi à certaines pages, et les grandes planches qui comme la *Parole Divine* ou la *Mater Inviolata* comptent parmi les plus belles images qu'il donna. Il se mire aux magnificences de la nature et en rapporte les notations les plus construites et les plus précises. Il a le don de caractère, il sait la vérité du corps humain, et il a le culte pieux et magnifique de la beauté dont il a donné les plus captivantes effigies.

C'est un grand artiste.

GUSTAVE KAHN.

www.ingramcontent.com/pod-product-compliance
Ingram Content Group UK Ltd.
Pitfield, Milton Keynes, MK11 3LW, UK
UKHW031737170726
13836UKWH00002B/722

9 782329 562957